Callwey

Ilse Maierbacher /
Maurizio Toscan

Dekorative Maltechniken

Anleitungen und Beispiele zur farbigen Raumgestaltung

Callwey

Die Deutsche Bibliothek – CIP-Einheitsaufnahme
Dekorative Maltechniken: Anleitungen und Beispiele zur farbigen Raumgestaltung/Ilse Maierbacher/Maurizio Toscan. – München: Callwey, 1997
(Callwey creativ)
ISBN 3-7667-1260-8
NE: Maierbacher, Ilse; Toscan, Maurizio

Einbandgestaltung Jonas Distel, München
Satz Filmsatz Schröter, München
Lithos Karl Findl & Partners GmbH & Co. KG, Icking
Druck und Bindung Auer GmbH, Donauwörth
Printed in Germany 1997
ISBN 3-7667-1260-8

DANK
Wir bedanken uns bei Claudia Böltl, Manfred Burkes und Reiner Neubauer für ihre Hilfsbereitschaft.

BILDNACHWEIS
Die Abbildungen für dieses Buch stammen überwiegend von Roland Bunge, Dresden (113), bis auf die Abbildungen von Ilse Maierbacher (28), und von Maurizio Toscan (7); Abb. 17 Clauspeter Becker, Abb. 56, 57 Firma Keim, Abb. 60 Firma Diessner

INHALT

EINLEITUNG

Moden – und damit auch Wohnmoden – kommen und gehen: Kaum war die Ära der riesigen Musterrapporte, vorzugsweise in warmen Gelb- und Brauntönen, in den Sechzigern vorbei, folgte die kalte weiße Welle – ein Minimalismus an Wandgestaltung. Die unbunte Farbe Weiß galt noch vor wenigen Jahren unter den besonders gehorsamen Anhängern des modischen Einrichtungs-Diktats als die einzige akzeptable Farbe.

Inzwischen ist der Bedarf an weißen Wänden hinreichend gedeckt. Der Sinn steht wieder nach Farbe, ihr Einsatz muß nach der phantasielosen Zeit der Einfarbigkeit aber auch erst wieder gelernt werden. Wir erleben heute einen Umschwung in der Raumgestaltung – innovativ und experimentierfreudig wie lange nicht mehr. Dabei bestimmt die Individualität die Vorstellung von den privaten Räumlichkeiten. Nichts kann diesem Wunsch mehr entsprechen als die traditionelle Handarbeit. Jeder Raum wird durch Schablonieren, Linieren, Spachteln und Lasieren zum nicht wiederholbaren Unikat.

Die vielen dekorativen Maltechniken, die dem Malergewerbe einst geläufig waren, aber aus Kostengründen in die Restaurierung zurückgedrängt worden sind, leben plötzlich wieder auf. Sie sind auch gut mit modernen Materialien wie beispielsweise den Dispersions- oder Acrylfarben realisierbar und daher zeitgemäß.

Wer selbst zur Tat schreiten und zusehen will, wie unter seiner Hand der Raum schrittweise an Ausdruck und Atmosphäre gewinnt, der malt und gestaltet wieder selbst. Für den Kreativen verbindet die dekorative Malerei ein interessantes Hobby mit der Freude am Gestalten. Die Möglichkeit dazu bietet dieses Buch durch seine präzisen Arbeitsanleitungen; zudem stellt seine reiche Ornamentesammlung mit 60 Schablonenmotiven ein ansehnliches Musterarchiv dar.

FARBEN

Der Untergrund bestimmt, mit welchen Farbmaterialien darauf gearbeitet werden kann. Alle hier beschriebenen dekorativen Maltechniken haben einen historischen Ursprung und wurden infolgedessen auf Untergründen ausgeführt, die zu dieser Zeit üblich waren: nämlich mineralische Putze und Holz.
Zu den alten Putzen mit Kalk und/oder Gips als Bindemittel kamen Mitte des 19. Jahrhunderts der Zement- und in den 70er Jahren des 20. Jahrhunderts der Kunststoffputz hinzu. Ein weiterer geeigneter Untergrund ist der inzwischen weit verbreitete Gipskarton. Von den Wandbelägen (wie etwa Tapeten) eignet sich nur die Rauhfasertapete mit kleinen Einschränkungen für die historischen Maltechniken.

Untergründe müssen, um einen Folgeanstrich tragen zu können, fest, sauber, trocken und staubfrei sein.

Meistens bedeutet das, daß die Spinnweben abgekehrt werden. In extremen Fällen, wenn ein Raum lange nicht bewohnt war, müssen die Wände sogar naß abgewaschen werden. Sonst vermischt sich der Schmutz mit dem Anstrich.

FARBE ALS MATERIAL

Neue Materialien sind nicht nur bei den Untergründen, sondern auch bei den Anstrichstoffen hinzugekommen. Untergrund und Farbauftrag müssen sich miteinander so verbinden, daß die Farbe haftet. Daher ist die Bindemittelverträglichkeit von Untergrund und Farbe Voraussetzung.

Dazu eine kleine Materialkunde:

Ein Anstrichmittel besteht aus:

1 Bindemittel	Es verankert den Anstrichstoff auf dem Untergrund und verklebt die Pigmente miteinander.
2 Löse- und Verdünnungsmittel	Es löst beziehungsweise verdünnt das Bindemittel.
3 Pigmente	Sie verleihen Farbe und Deckkraft.
4 Zusatzstoffe	Sie geben oder verbessern bestimmte Eigenschaften.

Zu **1** Die Anstrichstoffe, die in diesem Buch erwähnt werden, und ihre **Bindemittel** sind:

FARBEN	*BINDEMITTEL*
Dispersionsfarben und Acrylfarben	Dispersionsbindemittel
Silikatfarben	Kaliwasserglas
Kaseinfarben (Plaka)	Eiweiß
Leimfarben	Methylzellulose
Kalklauge	Kalk
Kalkkasein	Kalk und Eiweiß

Zu **2** Als **Löse- und Verdünnungsmittel** enthalten alle sechs Farben **Wasser**.
Zu **3** **Pigmente** sind organischen oder anorganischen Ursprungs. Sie werden mehr oder weniger aufwendig aus Steinen, Erden, Pflanzen und Tieren gewonnen, bis sie endlich in Pulverform vorliegen. Seit etwa 150 Jahren werden sie auch großtechnisch synthetisch hergestellt. Pigmente sind in allen Farben enthalten – auch in den weißen als Weißpigment.
Zu **4** **Zusatzstoffe** können in fertigen Wandfarben, z. B. als Konservierungsmittel, enthalten sein.

1 Eine kleine Auswahl aus dem großen Angebot an wunderschönen Pulverpigmenten

2 *Drei gängige Farben für dekorative Maltechniken: Plaka, Acryl und Volltondispersion*

Bindemittelverträglichkeit von Untergrund und Anstrich

UNTERGRUND	*ANSTRICHMITTEL IM INNENBEREICH*				
	Kalklauge	Innensilikat	Dispersion	Leimfarbe	Kasein (Plaka)
Kalkputz/Kalkanstrich	xx	x	x	x	o
Silikatanstrich	o	xx	o	x	x
Dispersionsanstrich	–	–	xx	x	x
Kasein(Plaka-)anstrich	o	o	x	x	o
Rauhfaser	–	x	xx	x	x
Zementputz	x	xx	xx	x	x
Kunststoffputz	–	x	xx	x	o
Putze mit Gipszusatz	x	x	x	x	x
Gipskarton	–	x	x	x	x

xx = empfehlenswert, x = möglich, o = nicht zu empfehlen, – = nicht möglich

Leimfarben werden vor jedem neuen Anstrich abgewaschen. Gipsputze und Gipskarton benötigen vor dem Erstanstrich mit Dispersions- oder Innensilikatfarben immer eine Grundierung. Das ist ein wäßriger Tiefgrund und bei Silikatfarben das zum Produkt gehörende Grundiermittel.

Wo Sie die nun folgend erwähnten Materialien, Werkzeuge und Hilfsmittel kaufen können, steht in der Tabelle auf Seite 40.

FERTIGE FARBEN ZUM KAUFEN

Dispersionsfarben. Die am häufigsten verwendete Wandfarbe für Innenräume ist die Kunststoffdispersionsfarbe. Man kauft sie in großen Gebinden und läßt sich den gewünschten Farbton im Malergeschäft nach Farbkarte mischen; oder man tönt eine weiße Farbe mit Volltondispersion (kleines Gebinde) selbst. Die riesigen Preisdifferenzen, die bei Dispersionsfarben anzutreffen sind, erklären sich durch die Qualitätsunterschiede.

Acrylfarben. Das sind ebenfalls Kunststoffdispersionsfarben, aber von höherer Qualität und entsprechend teurer. Sie werden in den nachfolgenden Kapiteln deshalb auch getrennt von der Dispersionsfarbe erwähnt. Der Malerfachhandel führt sie in kleinen Mengen als Malfarben. Beim Künstlerbedarf gibt es größere Mengen für die Wandgestaltung. Mit Wasser zur Lasur verdünnt, ist sie als Wandfarbe preislich akzeptabel.

Innensilikatfarben. Diese mineralische Farbe wird in der Denkmalpflege an historischen Gebäuden mit Kalkputz häufig als Alternative zur Kalklauge eingesetzt. Sie wird auch in Neubauten gern anstelle der Kunststoffdispersion verstrichen. Die großen Gebinde läßt man sich gleich im Malergeschäft nach Farbkarte mischen oder tönt die weiße Grundfarbe selbst ab. Zum Abtönen halten die Hersteller unterschiedliche Pigmentsubstanzen bereit: abgebundene Volltonfarben; ungebundene, in destilliertem Wasser angeteigte Pigmente und Pulverpigmente, die erst angeteigt (mit Wasser zu einem flüssigen Brei angerührt) und dann der Farbe zugesetzt werden.

Kasein(Plaka-)farben. Sie werden in kleinen Gebinden (bis 500 ml) verkauft und sind, wie die Acrylfarben, in erster Linie zum Malen gedacht. Wie das Beispiel auf Seite 45 zeigt, macht sich die Plakafarbe auch als Wand- und Schablonierfarbe sehr gut. Ihre pastose Konsistenz verlangt nach einer Wasserverdünnung. Das streckt die Farbmenge und macht den Preis akzeptabel.

FARBEN UND LASUREN – SELBST HERGESTELLT

FARBEN ABTÖNEN UND MISCHEN

Farbenmischen ist in erster Linie Übungssache. Auch umfangreiche Anleitungen können die praktische Erfahrung nicht ersetzen, denn für den Laien ist es wirklich nicht einfach, zu erkennen, welche Farben in welcher Menge zugesetzt werden müssen, um den gewünschten Ton zu erreichen. Die Farbensonne ist deshalb eine große Hilfe. Sie verdeutlicht, wie sich die einzelnen Farben zusammensetzen. Auch der Einfluß von Schwarz und Weiß ist leicht zu erkennen. Folgende Tips sollen das Abtönen und Mischen erleichtern.

Im Prinzip stellen sich zwei Aufgaben:
Eine weiße Farbe wird abgetönt oder Volltonfarben werden untereinander vermischt.

Zum Abtönen: Es besteht eine feste Vorstellung davon, ob die abzutönende Farbe in die rote, grüne oder eine andere Richtung gehen soll. Das ist der gewünschte Grundton. Davon wird zuerst Farbe zugegeben. Dann wird nach gründlichem Mischen eine Probe aufgestrichen, trockengefönt und festgestellt, ob der Ton intensiviert oder durch andere Farben verändert werden muß. Nach jeder nun folgenden Farbzugabe wird ein Aufstrich trockengefönt und festgestellt, welche Farbe noch fehlen könnte. So tastet man sich allmählich an den gesuchten Wert heran. Bei Farbabweichungen hilft die Farbensonne weiter.
Die sich gegenüberliegenden Farben lassen sich gegenseitig abschwächen. Das heißt, ist eine Farbe zu grünstichig, gleicht Rot das aus; ist sie zu blau, gleicht Orange aus, und so weiter. Vorsicht mit Rot – es färbt sehr intensiv.

Geht die Farbe in eine völlig andere Richtung oder wird zu dunkel, heißt es, zurück zum Ausgangspunkt, also wieder viel Weiß dazu. Um nicht zuviel Farbmenge zu bekommen, wird nur mit einem Teil der vermischten Menge weiter experimentiert. Ist die Mixtur trotzdem mißlungen, muß man einen Kompromiß beim Ergebnis eingehen oder mit neuem Material von vorn beginnen.

Bei abgetönten weißen Farben dient Weiß – falls nötig – zum erneuten Aufhellen und Schwarz zum Abdunkeln, wobei ein Graustich auftritt.

Volltonfarben: Sie lassen sich untereinander sehr gut nach der Farbensonne mischen, denn sie zeigt, wie sich welche Farben zusammensetzen. Bei Zusatz von Schwarz und Weiß ist allerdings Vorsicht geboten. Schwarz zum Abdunkeln verleiht auch immer einen Graustich. Weiß läßt Volltöne ins Bonbonfarbene abgleiten. Zum Beispiel wird aus Rot und Weiß kein Hellrot, sondern Rosa.

3 Die Farbensonne von Harald Küppers zeigt in dem mittleren Ring 12 Farben, die aus den Grundfarben Gelb, Rot und Blau zusammengesetzt sind. Die Strahlen verdeutlichen den Einfluß von Schwarz (außen) und Weiß (innen) auf diese zwölf Farbtöne. Insgesamt zeigt die Farbensonne 96 Töne. Zur weiteren Beschäftigung mit der Farbentheorie und -praxis seien die Bücher »Farbe. Ursprung, Systematik, Anwendung«, »Der Große Küppers-Farbenatlas«, »Das Grundgesetz der Farbenlehre«, »Harmonielehre der Farben« und »Die Logik der Farbe« von Harald Küppers empfohlen.

Hat man eine Volltonfarbe falsch gemischt, hilft nur eins: mit neuem Material von vorne anfangen. Alle weiteren Versuche lassen die Farbe immer grauer werden.

VERBRAUCH

Auf fertigen Gebinden ist der Verbrauch stets angegeben. Es kann sich hier immer nur um Zirka-Angaben handeln, wie auch bei den Verbrauchsangaben zu den Rezepten in diesem Buch. **Stark saugende Untergründe, rauhe Oberflächen und Dickflüssigkeit erhöhen den Verbrauch.**

4 Geeignete Bindemittel für Pulverpigmente: Dispersionsbinder, Acrylbindemittel, Kaseinbindemittel

FARBEN AUS PULVERPIGMENTEN

Der Künstlerbedarf führt ein großes Sortiment an Pulverpigmenten natürlicher oder synthetischer Herkunft. Die Farben sind faszinierend, und ihre Vielfalt übertrifft das Angebot an fertigen Farben bei weitem. Das ist einer von vielen Gründen, Farben aus diesen Pulvern selbst herzustellen. Wasser und ein Bindemittel reichen dazu aus. Geeignete Bindemittel sind **Dispersionsbinder, Acrylemulsion** oder **Kaseinbindemittel**.

Rezept: Pulverpigmente in Wasser dickflüssig einsumpfen. Ein paar Tropfen Spiritus erhöhen die Benetzbarkeit und damit die Mischbarkeit.
Die Bindemittel werden mit Wasser etwa im Verhältnis 1:3 bis 1:4 verdünnt. Wie viele Pigmente dann zugesetzt werden, hängt davon ab, ob die Farbe **lasierend** oder **deckend** ausfallen soll. Farben, die mit destilliertem Wasser zubereitet werden, verderben nicht so schnell wie mit Leitungswasser angesetzte Farben.
Achtung: Das angegebene Bindemittel-Wasser-Verhältnis ist ein bewährter Richtwert. Ein Probeaufstrich auf dem vorgesehenen Untergrund bringt jedoch Sicherheit. Ist die Farbe zu **schwach** abgebunden, kreidet sie. Das heißt für Sie: etwas Bindemittel hinzugeben!
Ist die Farbe unnötig **stark** abgebunden, erzeugen Acrylemulsion und Dispersionsbinder Glanz. Wasserzusatz reduziert oder nimmt je nach Menge diesen Effekt wieder weg. Der Glanz kann allerdings auch gewollt als Stilmittel eingesetzt werden (siehe Seite 62).
Bei zu stark abgebundener Kaseinfarbe wird es kritisch: sie löst den Untergrund ab! Eine Wasserverdünnung nimmt diese zerstörerischen Eigenschaften jedoch.

LEIMFARBEN

Die Leimfarbe eignet sich als deckender Anstrich, für die Wickeltechnik, zum Schwammstupfen und Sprenkeln, für die Steinimitation sowie zum Linieren und Schablonieren. Leimfarben müssen vor jedem Folgeanstrich abgewaschen werden. Diesem Umstand ist es zuzuschreiben, daß die preisgünstige Leimfarbe etwas unpopulär geworden ist. Vereinzelt gibt es sie fertig zu kaufen.

Rezept: Tapetenkleister nach Packungsangabe kalt ansetzen, quellen lassen und gut verrühren, danach so viel Kreidepulver (Champagnerkreide oder Rügener Kreide) zusetzen, daß eine streichfähige Masse entsteht. Mit (in Wasser) eingesumpften Pigmenten wie gewünscht abtönen, sehr gut durchschlagen, am besten mit dem Rührquirl an der Bohrmaschine.
Verbrauch: ca. 10 Liter für 50 qm

KALKLAUGE

Das älteste Anstrichmittel wurde schon immer selbst hergestellt.

Rezept: Ein Teil stichfester Kalk (das ist der abgesetzte Kalk im Eimer) wird mit ca. 2,5 Teilen Wasser gut verrührt – fertig ist die weiße Kalklauge. Kalkechte, in Wasser eingesumpfte Pigmente geben der Kalklauge die gewünschte Tönung (bei Einkauf nach Kalkechtheit fragen).
Eine Kalkfarbe kann durch den hohen Wasseranteil und das dadurch geringe Pigmentaufnahmevermögen nur lasierend hergestellt werden. Der Lasurcharakter erfordert deshalb auch mehrere Anstriche, bis die Farbe deckt. Da sich der Kalk absetzt, wird während der Arbeit die Lauge immer wieder aufgerührt. Die wäßrige Farbe wird mit der Oval- oder Deckenbürste aufgetragen. Im nassen Zustand ist sie dunkel, durchsichtig und fleckig. Mit zunehmendem Trocknen wird die Farbe gleichmäßiger und heller. Kalklauge sollte sehr langsam trocknen (keine Heizung), da sie nur im feuchten Zustand erhärtet. Je länger dieser erhalten werden kann, um so härter bindet der Kalk ab. Das heißt, um so weniger kreidet er im trockenen Zustand.

Mein Tip: Gegen das Kreiden gibt es noch ein kleines Hilfsmittel. Rühren Sie etwa 100 ml *Mager*milch in zehn Liter Kalklauge ein, das bindet zusätzlich. (Die Kalklauge ist dann durch Zugabe von Eiweiß eine Kalkkaseinlauge.)
Werden viele Pigmente zugesetzt, um eine kräftige Farbe zu erzielen, benötigt die Kalklauge einen Bindemittelzusatz: fertiges Kaseinbindemittel oder selbst hergestelltes Kasein (siehe Rezept Seite 13).
Verbrauch: ca. 10 Liter für 100 qm

Heutzutage werden Kalkanstriche hauptsächlich für historisches Mauerwerk mit Kalkputz – meist im Innenbereich – verwendet. Durch seine positiven Eigenschaften gewinnt er im Zusammenhang mit dem immer beliebteren biologischen Bauen und Wohnen wieder zunehmend Freunde.

Kleines Plädoyer für den Kalkanstrich
Vorteile
- Baubiologisch gesund
- Wirkt desinfizierend
- Schmutzt nicht so schnell
- Billiger Anstrichstoff: ein 10-Liter-Eimer mit ca. 6,5 Liter stichfestem Kalk ergibt ca. 16 Liter Farbe für rund 12 Mark.
- Grundierung nicht notwendig
- Als weißer oder farbiger Grundanstrich und als farbige Lasur einsetzbar.

Nachteile
- Die Spritzer ätzen, Augen und Hände sind zu schützen.
- Mehrmaliger Anstrich nötig
- Die Oberfläche kann kreiden.

LASURFARBEN

Lasurfarben (für Wandanstriche) gibt es nicht zu kaufen. Sie werden selbst hergestellt. Allen gemeinsam ist der mehr oder weniger transparente Charakter, und alle benötigen eine entsprechende Untergrund-Vorbehandlung (siehe Tabelle auf Seite 14). Sie werden nicht so stark abgebunden wie deckende Wandfarben, da die Beanspruchung nicht so hoch ist.

Kalkkaseinlasur. Der Kalkanstrich selbst ist bereits eine Lasur, da er deckend nicht hergestellt werden kann. Eine Kalklasur enthält noch mehr Wasser als der Kalkanstrich. Durch den geringen Kalk- und den hohen Wasseranteil ist die Bindekraft so gering, daß nur wenig Pigmente hinzugesetzt werden können. Das heißt, daß eine Kalklasur nur wie ein zarter Schleier wirkt. Die Bindekraft der Kalklasur kann durch das fertige Kaseinbindemittel oder durch das selbst hergestellte Kalkkasein heraufgesetzt werden.

5 Eine Kalkkaseinlasur auf Putz. Blaue und grüne Lasur wurde Naß in Naß verstrichen.

Rezept: (10 Liter für ca. 120 qm):
Kalkkasein: 500 g Magerquark und 100 g stichfesten Kalk verrühren (schäumt beim Reagieren)
Kalklasur: 1 Liter stichfesten Kalk und 8,5 Liter Wasser verrühren.
Kalkkasein in die Kalklasur einrühren und mit kalkechten, eingesumpften Pigmenten abtönen.

Ein reiner Kalkanstrich ist als Untergrund für eine Kalklasur ungeeignet, da er zu stark saugt. Daher wird er mit Öl versetzt, wenn er lasiert werden soll. Der geölte Kalk wird zweimal gestrichen, dann folgen (etwa zwei) ungeölte Kalkanstriche.

Rezept: für geölten Kalk (10 Liter für ca. 100 qm):
3 Liter stichfester Kalk
7,5 Liter Wasser
ca. 100 ccm Leinöl
Der stichfeste Kalk und das Leinöl werden mit dem Rührgerät kräftig durchgeschlagen, bis sie emulgiert haben (sich miteinander vermischt haben). Das Wasser wird dann langsam unter kräftigem Rühren hinzugegeben. Die Leinölmenge ist eine Zirka-Angabe und vom Saugverhalten der Wand abhängig. *Achtung:* Leinöl emulgiert nur mit stichfestem Kalk, spätere Zugaben sind nicht möglich.

Silikatlasur. Es gibt mehrere Hersteller von Silikatfarben. Ihre Produkte sind jeweils aufeinander abgestimmt. Daraus folgt für uns: Grundanstrich und Lasur müssen der gleichen Produktreihe entstammen. Das Bindemittel in Silikatfarben, das Kaliwasserglas (auch Fixativ genannt), wird – mit Wasser verdünnt – als Grundiermittel und als Lasur benutzt. Dem Fixativ werden Pigmente zugesetzt. Gegebenenfalls auch Wasser, aber nur so viel, wie auf dem Gebinde angegeben ist. Die Pigmente gibt es als Volltonfarben (bereits abgebunden), als neutral in Wasser angeteigte Substanz oder in Pulverform. Verbrauch: ca. 10 Liter für 100 qm

Dispersionslasur. Sie wird immer noch selten angewendet, obwohl sie leicht auszuführen ist.

Rezept: (10 Liter für ca. 90 qm):
3 Liter weiße Dispersionsfarbe
7 Liter Wasser
ca. 200 ccm Tapetenkleister.
Den Tapetenkleister nach Packungsanweisung mit *kaltem* Wasser anrühren, quellen lassen, durchschlagen und unter die Wasser-Dispersions-Mischung rühren. Mit Volltondispersion abtönen. Durch die Kleisterzugabe läßt sich die Lasur länger und dadurch gleichmäßiger vertreiben und verteilen. Die Tapetenkleistermenge ist ein Richtwert, denn sie ist vom Saugverhalten der Wand abhängig.

Acryllasur. Sie ist sehr gut zu verarbeiten, da sie lange »offen bleibt«.

Rezept: Acrylfarbe so weit mit Wasser verdünnen, bis die gewünschte Durchsichtigkeit erreicht ist. Falls dadurch die Bindekraft zu stark heruntergesetzt wird (Lasur kreidet), läßt sie sich mit Acrylemulsion nachträglich stärker abbinden.
Erfahrungsgemäß lassen sich gute Acrylfarben (z. B. von Lascaux) bis zur zehnfachen Menge ohne Bindemittelzugabe mit Wasser verdünnen.
Verbrauch: ca. 10 Liter für 100 qm

Kasein(Plaka-)lasur. Plakafarben lassen sich für eine Lasur mit etwa der dreifachen Menge Wasser verdünnen, ohne zu kreiden.
Verbrauch: ca. 10 Liter für 90 qm

EMPFOHLENER LASURENAUFBAU

Untergrund	Vorbehandlung	Anstrich	Lasur
gekalkt	Mehrmaliger Kalkanstrich bis zur völligen Deckung, davon die ersten beiden mit geöltem Kalk		Kalkkaseinlasur
mit Silikatanstrich	Mit zur Silikatfarbe gehörendem Grundiermittel vorstreichen, das Verdünnungsverhältnis steht auf dem Gebinde.	Silikatfarbe	Silikatlasur oder Acryllasur
mit Dispersionsanstrich	Mit wäßrigem Tiefgrund vorstreichen, das Verdünnungsverhältnis steht auf dem Gebinde.	Dispersionsfarbe	Dispersions-, Acryl- oder Plakalasur
Leimfarben werden immer abgewaschen. Es zählt der darunterliegende Anstrich als gegebener Untergrund.			

MALTECHNIKEN

LASIEREN

Eine Lasur ist ein Farbauftrag, bei dem der Untergrund durchschimmert. Die Lasur kann ganz zart sein und wie ein fast durchsichtiger Schleier die Wand überziehen. Oder sie ist so intensiv, daß der darunterliegende, deckende Anstrich gerade noch zu erkennen ist.

> Untergrund: Putz, Rauhfaser, Gipskarton
> Werkzeuge: Ovalbürste, großer Flächenstreicher, Naturschwamm
> Farben: Kalkkasein-, Silikat-, Dispersions-, Acryl- und Kasein(Plaka-)lasur

Im Hinblick auf die Lasurtechnik herrscht weit verbreitete Ehrfurcht. Die distanzierte Haltung zu dieser (in jeder Hinsicht) reizvollen Maltechnik hat ihren triftigen Grund. Ob eine Lasur gelingt, hängt nämlich nicht nur davon ab, wie virtuos der Maler sein Werkzeug einsetzt, sondern auch davon, was der Untergrund an hartnäckigen Schwierigkeiten bereithält. Putzausbesserungen, zugemörtelte Lichtleitungsschlitze und zugegipste Löcher bestehen aus unterschiedlichen Materialien mit ungleichem Saugverhalten.

Je saugender der Untergrund, um so dunkler erscheint die Lasur, weil die Farbe dort rasch stehen bleibt und nicht ausreichend vertrieben (verteilt) werden kann. An solch einer nicht vorbehandelten Wand zaubert also eine Lasur alle baulichen Eingriffe der Vergangenheit wie auf einer Landkarte ablesbar hervor. Das bedeutet für den entschlossenen Maler und Lasierer, obligatorisch zu handeln und sich die Mehrarbeit einer Grundierung nicht zu ersparen. Die Vorbehandlung bewirkt bei der Mauer ein gleichmäßiges, geringes Saugverhalten. Zusammen mit einer lange offenen (langsam trocknenden) Lasurfarbe gelingt dann der gleichmäßige Anstrich. Unregelmäßige Oberflächenstrukturen weisen nicht nur ein ungleichmäßiges Saugverhalten auf, sie haben auch ein scheckiges Lasurbild zur Folge. Glatte Gipsspachtel zwischen körnigen Putzoberflächen bleiben unübersehbar ein Fremdkörper.

Die geringsten Hindernisse für die Lasurtechniken sind daher in Neubauten oder neu verputzten Räumen anzutreffen. Wer auf Nummer Sicher gehen will, beschränkt sich auf diese Gegebenheiten.

Der Reiz der Lasur liegt in ihrer Tiefenwirkung, die den Wandanstrich fast dreidimensional wirken läßt und ihn dadurch reizvoll belebt. Die Tiefenwirkung kann durch mehrere übereinanderliegende Lasuren gesteigert werden.

Weitere Beispiele für Lasier-Variationen:
- Mehrere, gleiche Lasuren übereinander, die Lasur wird farbintensiver, gleichmäßiger und deckender.
- Helle Lasur auf dunklem Grund
- Dunkle Lasur auf hellem Grund
- Zwei verschiedenfarbige Lasuren, Naß in Naß verlaufend (z. B. Komplementärfarben)
- Zwei oder mehr verschiedene Lasurfarben übereinander, Ton in Ton.

6 Lasurwerkzeuge: Ovalbürste, großer Flächenstreicher, Naturschwamm

LASIEREN MIT DER OVALBÜRSTE ODER EINEM BREITEN FLÄCHENSTREICHER

Mit diesen Pinseln fährt man in regelmäßigen, kurzen Schlägen »im Kreuzschlag« über den trockenen Grundanstrich. Dabei wird Naß in Naß gearbeitet, da an bereits getrockneten Lasurpartien der erneute Arbeitsansatz deutlich zu sehen wäre. Notfalls wird zu zweit gearbeitet.
Ein unregelmäßiger Bürstenstrich fällt bei einer stark pigmentierten Lasur eher auf als bei einem zarteren Farbton, der durch zweimaliges Auftragen die gleiche Farbintensität bei gleichmäßigerem Erscheinungsbild bekommt.
Eine Lasur muß nicht immer völlig ebenmäßig ausfallen. »Gewolkt« ist ebenfalls beliebt. Dabei wird die Farbe nicht so intensiv vertrieben. Das Gesamtbild muß aber gleichmäßig, nicht gescheckt, ausfallen. Das heißt, auch eine wolkige Lasur hat ihre Regelmäßigkeit. Eine leicht erhöhte (nicht unregelmäßigere) Saugfähigkeit der Wand und ein gröberer Putz kommen dem gewolkten Duktus entgegen.

7 Dieses Sockelpaneel wurde mit dem großen Flächenstreicher zweimal mit der gleichen hellgrünen Dispersionslasur lasiert (siehe auch Seite 6).

8 Dieser Sockel wurde mit dem Naturschwamm links einmal, rechts zweimal mit der gleichen blauen Innensilikatlasur gewolkt gewischt.

LASIEREN MIT DEM NATURSCHWAMM

Mit dem Naturschwamm soll eine gewolkte Textur erzeugt werden. Dazu wird der mit Lasurfarbe getränkte und leicht ausgedrückte Schwamm in kleinen, kreisenden Bewegungen über die Wand gerieben. Ein zweiter Auftrag nach dem Trocknen erzielt einen farbintensiveren, regelmäßigeren Auftrag. Die Lasurfarbe muß ausreichend abgebunden sein, damit der zweite Arbeitsgang (nach dem Trocknen) nicht die erste Lasur aufreibt.
Lasuren sehen im nassen Zustand sehr unruhig aus, werden aber mit zunehmendem Trocknen gleichmäßiger.

GRANIEREN

Granieren zählt ebenso zu den Lasurtechniken. Das Lexikon beschreibt es so: »Granieren ist das Wischen einer Lasur- oder Deckfarbe mit modlerartigen Pinseln (sehr platten Flachpinseln) über eine möglichst grobkörnige Fläche, wobei nur die erhabenen Stellen des Untergrundes erfaßt werden. Eine Arbeitstechnik, die zur dekorativen Flächenbelebung dient.«

Es gibt noch eine zweite gebräuchliche Art zu granieren. Dabei wird die Ovalbürste oder der breite Flächenstreicher nur an den Borstenspitzen leicht benetzt, so daß der Borstenstrich auch nach dem Trocknen der Farbe noch als solcher zu sehen ist. Wie beim üblichen Lasieren wird die Farbe in kurzen, regelmäßigen Kreuzschlägen aufgetragen. Aus etwas größerem Abstand betrachtet – etwa zwei bis drei Metern Entfernung – verschwimmen die Borstenspuren zu einer gleichmäßigen Lasur.

9 Diese Wand wurde oben einmal und am Sockel zweimal mit der gleichen Kalkkaseinlasur graniert. Die Granierung oben verdeutlicht den Kreuzschlag, mit dem jede Lasur (außer Naturschwamm) aufgetragen wird. Mit der Lasurfarbe wurde auch die zarte Schablonierung ausgeführt.

◁◁ *10 Ockerfarbene Schwammstupfspuren auf graugrüner Wand*

SCHWAMMSTUPFEN

Das Schwammstupfen ist von allen in diesem Buch beschriebenen Maltechniken die einfachste und schnellste. Der Schwamm wird in Farbe getaucht, ausgedrückt und locker auf die Wand getupft. Das belebt die Grundfarbe in überzeugender Weise.

<u>Untergrund:</u> Putz, Rauhfaser, Gipskarton, Holz
<u>Werkzeug:</u> Naturschwamm, Palette (Eimerdeckel)
<u>Farben:</u> Dispersion, Acryl, Kasein (Plaka), Kalkkasein, Leim, Silikat

Das Schwammstupfen hat zwangsläufig einen lasierenden Charakter, da der Untergrund immer durchschimmert. Die vornehmsten Gestaltungsmöglichkeiten sind Ton in Ton des Untergrundes mit den aufgestupften Farben.
Der Naturschwamm wird in Farbe getaucht, ausgedrückt und dann ganz zart an die Wand gestupft. Kräftigerer Druck erzeugt Kleckse. Er wird immer wieder gedreht, um ein eintöniges Bild zu vermeiden. Der Naturschwamm wird nach der Arbeit sofort mit viel Wasser ausgewaschen.
Eine zusätzliche Schablonierung paßt gut zu einer gestupften Wand. Hier drei Möglichkeiten, wie das aussehen kann:
- Die ganze Wand vor dem Schablonieren stupfen
- Die ganze Wand nach dem Schablonieren stupfen, auch über das Ornament hinweg
- Die ganze Wand bis unterhalb der Schablonierung stupfen und mit Linierung begrenzen.

◁ *11 Stupffarbe und Wandfarbe, Ton-in-Ton mit dem Schwamm gestupft.*

12 Blaue und weiße Schwammstupfspuren auf grüner Rauhfaser

13 *Die weiße Rauhfaser trägt eine blaue Wickellasur.*

14 *Die Putzoberfläche ist weiß gestrichen und dann mit Grün und Blau übereinander gewickelt.*

15 *Zuerst wurde der Streifen unter der Schablonierung zartgrün gewickelt, danach der Sockel rot gewickelt. Diese Wickeltechnik erzielt einen marmorähnlichen Charakter.* ▽

WICKELTECHNIK

Ein in Farbe getauchter, unregelmäßig gefalteter Lappen wird über die Wand »gewickelt« (gerollt) und hinterläßt je nach Gewebedichte eine feine bis grobe, knittrige Textur. Eine einfache und sehr dekorative Wandgestaltung.

Untergrund: Putz und Rauhfaser, nicht zu grob, Gipskarton, Holz
Werkzeuge: Leinentücher, fusselfreie Stoffe, Trikotstoff, Leder, Farbroller (für eine Anwendung an der Decke), Gummihandschuhe, Palette
Farben: Dispersion, Acryl, Kasein (Plaka), Kalkkasein, Silikat, Leim

Das Erscheinungsbild wird von der Farbigkeit und von der Lappenstruktur geprägt: ob fein oder grob, ob Leder oder Trikot, ob Ton in Ton oder kontrastreich. Es kann sogar Ähnlichkeit mit Marmor oder Stein haben. Wird zweimal hintereinander mit der gleichen Farbe gewickelt, entsteht ein ruhiges, gleichmäßiges Bild.
Der Lappen (Leder, Trikot) wird in Farbe getaucht, ausgedrückt und zu einer Wurst geformt, die in unterschiedlichen Richtungen und mit ungleichmäßigem Druck über die Fläche gewickelt wird. Bei jedem neuen Benetzen mit Farbe wird die Wurst neu und anders geformt, um einen gleichmäßigen, tapetenhaften Duktus zu vermeiden.
Eine lappenumwickelte Rolle erleichtert das Arbeiten an der Decke. Der Lappen wird vor jeder neuen Farbaufnahme neu drapiert. Unterschiedlicher Druck und wechselnde Richtungen erzeugen das gewünschte Oberflächenbild.
Schablonierung und Wickeltechnik ergänzen sich zu einer feinen Kombination. Die Schablonierung kann auf dem gewickelten Untergrund sitzen oder »überwickelt« werden.

Mein Tip: Besonders fein wirkt diese Variante: Die Wand lasierend wickeln, darauf in deckendem Weiß oder einer anderen kräftigen, zur Wickellasur passenden Farbe das Ornament schablonieren, dann über alles noch einmal im gleichen Ton wie die erste Wicklung, nur etwas heller, überwickeln. Der Fries schimmert dezent durch die zweite Lasur – sehr elegant.

SPRENKELN

Mit gesprenkelten Punkten wird eine einfarbige Fläche belebt. Die Sprenkel sind unterschiedlich groß und können ein- oder mehrfarbig sein.

Untergrund: Putz, Rauhfaser, Gipskarton, Holz
Werkzeuge: Straßenbesen, Haushaltsbürste oder Borstenpinsel; eventuell Gummihandschuhe anziehen
Farben: Dispersion, Acryl, Kasein (Plaka), Kalkkasein, Silikat, Leim

16 Sprenkeln mit dem Straßenbesen. Die Borsten werden zurückgezogen und dann losgelassen. So fliegen die Punkte an die Wand. Für diese Methode eignen sich auch viele andere Bürsten.

Erste Methode: Ein grober Besen wird mit den Borstenspitzen in Farbe getaucht. Die Borsten werden zurückgebogen und losgelassen, so geraten die Spritzer an die Wand und hinterlassen unterschiedlich große Punkte.

Zweite Methode: Ein großer Borstenpinsel wird in Farbe getaucht, abgeschlagen (sonst gibt es grobe Kleckse oder »Farbnasen«) und dicht vor der Wand gegen ein Holz geschlagen. Die Farbe spritzt in unterschiedlichen Sprenkelgrößen an die Wand und verteilt sich nicht so gleichmäßig wie bei der Besenmethode; sie hinterläßt vielmehr eine längliche Sprenkelspur.

Dritte Methode: Mit einer Haushaltsbürste mit Nylonbesatz ist so zu verfahren wie mit dem Besen. Es erscheint ein feines, gleichmäßiges Punktebild. Die zweite und die dritte Methode benötigen mehr Zeit und Geduld, dafür ist das Sprenkelbild feiner.
Die Sprenkelfassung paßt gleichfalls sehr gut zu einer Schablonenmalerei. Dabei kann vor oder nach dem Schablonieren gesprenkelt werden, oder die gepunktete Fläche hört an einer Linierung unterhalb des Frieses auf.

17 Zartgrüner Hintergrund mit dunkelgrünen und weißen Sprenkeln. Die Sprenkelfarben wurden auch zum Schablonieren benutzt: Weiß als Licht und Grün als Schatten. Das gibt dem Ornament Plastizität. Die Schablonenöffnungen wurden nicht komplett gestupft, sondern nur im Randbereich. Das verstärkt die optische Täuschung.

18 Schwarze und cremefarbene Punkte auf blauer Rauhfaser. Mit der Cremefarbe wurde auch die Girlande gestupft und dann darüber eine dünne, graue Lasur – nach rechts unten versetzt – gestupft. Dadurch erscheint das Ornament dreidimensional.

19 Rote und dunkle Punkte auf rosa lasierter Rauhfaser. Mit dem Stock wird auf den Pinsel geschlagen. So spritzen die Punkte an die Wand.

LINIEREN

Eine Linierung kann eine schmückende Begleitlinie sein, Teil der Schablone oder eigenständige, alleinige Dekoration. Sie trennt die Sockel- von der Wandgestaltung, begrenzt Paneelfelder und stellt Licht und Schatten bei der Quaderung von Steinimitationen dar. In der Dekorationsmalerei ist sie unverzichtbar. Das Buch zeigt seitenweise Anwendungsbeispiele (S. 43 ff.).

<u>Untergründe:</u> Glatte Oberflächen (auf Rauhfaser und grobem Putz entstehen leicht ausgefranste Kanten)
<u>Werkzeuge:</u> Strichzieher, Malerlineal, Schlagschnur, Wasserwaage
<u>Farben:</u> Dispersion, Acryl, Kasein (Plaka), Kalkkasein, Silikat, Leim (alle dünnflüssig)

Kurze Linien werden mit der Wasserwaage oder dem Holzlineal angezeichnet. Für längere Distanzen – längs oder quer an der Wand – wird die Schlagschnur benutzt. Die Schlagschnurbox wird mit Ocker- oder Umbrapigment oder Holzkohlenasche (als Pulverpigmente erhältlich) gefüllt. Beim Herausziehen der Schnur färbt diese sich dabei selbst. Zwei Personen spannen die Schnur von Punkt zu Punkt. Eine Person zieht die Schnur waagerecht von der Wand weg und läßt sie zurückschnellen. Sie hinterläßt eine gerade, pigmentierte Linie.

Das Ausmessen und Anzeichnen im oberen Wandbereich – etwa für eine Linierung – zeigen häufig, daß krumme Decken kein Privileg von Altbauten sind. In solch einem Fall wird die »optische Waagerechte« liniert, ein Mittel aus gegebener Schräge und tatsächlicher Waagerechten = Augenmaß.

<u>Wichtige Hinweise:</u> Überschüssiges Schlagschnurpulver wird vor dem Linieren abgekehrt oder abgepustet, weil es sich sonst mit der Linierfarbe mischt und diese farblich zu stark verändert.

Beim Linieren zeigt die Fase am Lineal zur Wand, um Kleckse zu verhindern. Zum Linieren oben an der Wand oder Decke benutzt man möglichst einen stabilen Tisch, da die Leiter kaum Aktionsradius zuläßt. Die Linierfarbe ist am besten in einem hohen, schlanken Gefäß, das nur halb gefüllt ist, in der Brusttasche untergebracht.

Beim Linieren drückt eine Hand mit weit gespreizten Fingern das Lineal an die Wand, die andere führt den Strichzieher. Je stärker der Druck, desto breiter

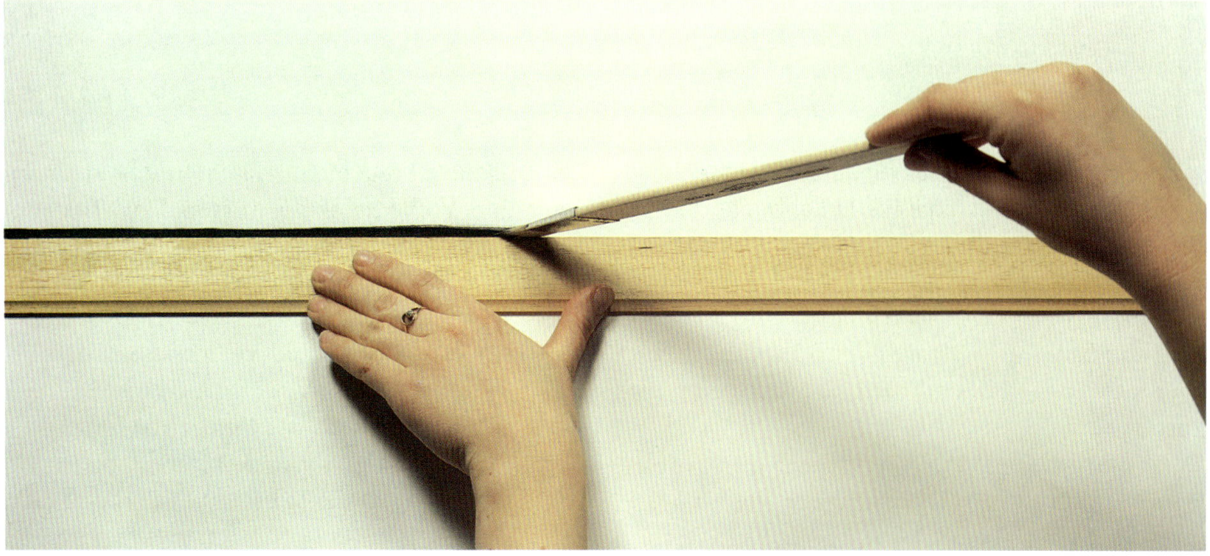

20 Mit weit gespreizten Fingern wird das Lineal an die Wand gedrückt und mit dem Strichzieher daran entlang liniert. Das Lineal zeigt an der unteren Kante eine Schräge. Die gleiche Schräge befindet sich auch oben, aber auf der Rückseite Richtung Wand. Die Schräge verhindert, daß das Lineal an der Linierkante direkten Kontakt zur Wand hat (Klecksgefahr!).

21 Für diesen breiteren Farbstreifen wurden die Kanten liniert und die Mitte mit dem Flächenstreicher ausgemalt.

22 Wer sich das Linieren nicht zutraut, klebt die Streifenkanten mit Kreppband ab. ▷▷

23 Diese Freilegung im oberen Wandbereich eines historischen Gebäudes zeigt, daß Streifen einmal sehr beliebt waren. Die Wandanstriche Nr. 4 und 7 bis 27 tragen Streifen unterschiedlicher Breite, manche mit feinem Begleitstreifen.

wird die Linie. Nur ein gleichmäßiger Druck erzeugt also auch eine gleichmäßige Linienbreite. Bei jedem Neuansatz zum Fortführen der Linie überlappen sich zudem Strichende und -ansatz. Damit diese Überlappung bei lasierenden Farben nicht zu deckend gerät, wird beim Ansatz kaum Druck ausgeübt, um nicht zu viel Farbe aus dem Pinsel abzusetzen.

Dort, wo sich Linien im Winkel begegnen, ist ein korrekter Ansatz nicht einfach. Die letzten Millimeter korrigiert man mit einem Spitzpinsel nach.

Der Ungeübte braucht zum Linieren sehr viel Konzentration. Vorhergehende, mehrmalige »Trockenübungen« auf der Pappe bringen mehr Sicherheit. Breite Linien – Bänder genannt – werden folgendermaßen ausgeführt: Beide Kanten abschnüren, linieren und die Mitte mit dem Flächenstreicher ausmalen. Oder: Beide Kanten abschnüren, mit Kreppband abkleben, ausmalen. Breite Bänder eignen sich gut als alleinige Dekoration oder um darauf einen Fries zu schablonieren. Das Band gibt dem Ornament mehr Präsenz.

SCHABLONIEREN

Mit Hilfe der Schablone werden Ornamente an die Wand, an Decken, auf Fußböden und Möbel gemalt. Wie das nachfolgende Kapitel und die gezeigten Beispiele verdeutlichen, ermöglicht die Schablone eine enorme Gestaltungsvielfalt. Schablonieren ist so variantenreich wie keine andere Maltechnik aus diesem Buch. Mit viel Phantasie und Kreativität läßt es sich bis ins Künstlerische steigern. Trotzdem bleibt dabei die handwerkliche Ausführung leicht.

Untergründe: Glatte bis feinkörnig verputzte Wände, feine Rauhfaser, Gipskarton, Holz
Werkzeuge: Zollstock, Bleistift, Schlagschnur, Wasserwaage, Schablone, Stupfpinsel, Spitzpinsel, Kreppband, Farbe, evtl. Holzlineal
Farben: Dispersion, Acryl, Kasein (Plaka), Kalkkasein, Leim, Silikat

SCHABLONENARTEN

Es gibt zwei Arten: Die *einschlägige* (= einfarbige) und die *mehrschlägige* (= mehrfarbige). Jede Farbe hat ihren eigenen »Schlag«, ihre eigene Schablone. Weitere Unterschiede bestehen in der Art der Handhabung. Schablonen werden immer wieder hintereinander angelegt. Um dieses Anlegen exakt zu ermöglichen, gibt es die sogenannten Paßmarken. Das sind Sichtfenster am Anfang und am Ende, die beim Anlegen übereinander liegen. Sichtfenster sind Teile aus dem Motiv, zum Beispiel ein Punkt oder ein Teil von einem Blatt.
Manche Ornamente ermöglichen nur das Anlegen *auf Stoß*. Das bedeutet sehr exaktes Arbeiten, da sonst der Stoß übereinander gerät und dadurch die Ornamentform beeinflussen kann. Oder der Stoß schließt nicht, eine Spalte ist zu sehen. Sie wird später selbstverständlich mit dem Spitzpinsel wegretuschiert.

Einige Flechtbandornamente können nur per Augenmaß eingepaßt werden.

Bei einer mehrschlägigen Schablone werden die aufeinanderfolgenden Farben durch die Paßmarken plaziert oder per Augenmaß eingesetzt.

Ein weiteres charakteristisches Merkmal einiger Schablonen sind die *Stege*. Sie sorgen dafür, daß das Ornament nicht in Einzelteile zerfällt, oder sie unterbrechen lange, dünne Ausschnitte, um ihnen mehr Stabilität zu geben. Die Stege sind meistens so plaziert, daß sie sich harmonisch in das Ornament einfügen, ihm sogar das charakteristische Aussehen geben (häufig bei Jugendstilmotiven zu sehen). Manchmal werden sie auch nachträglich wegretuschiert, weil sie störend wirken.

24 Schablonierwerkzeuge: 1) Zollstock, 2) Bleistift, 3) Schlagschnur, 4) Wasserwaage, 5) Schablone, 6) verschiedene Stupfpinsel, 7) Flächenstreicher, 8) Schaumstoffrolle (Maus), 9) Spitzpinsel, 10) Strichzieher, 11) Kreppband, 12) Farben, 13) Malerlineal

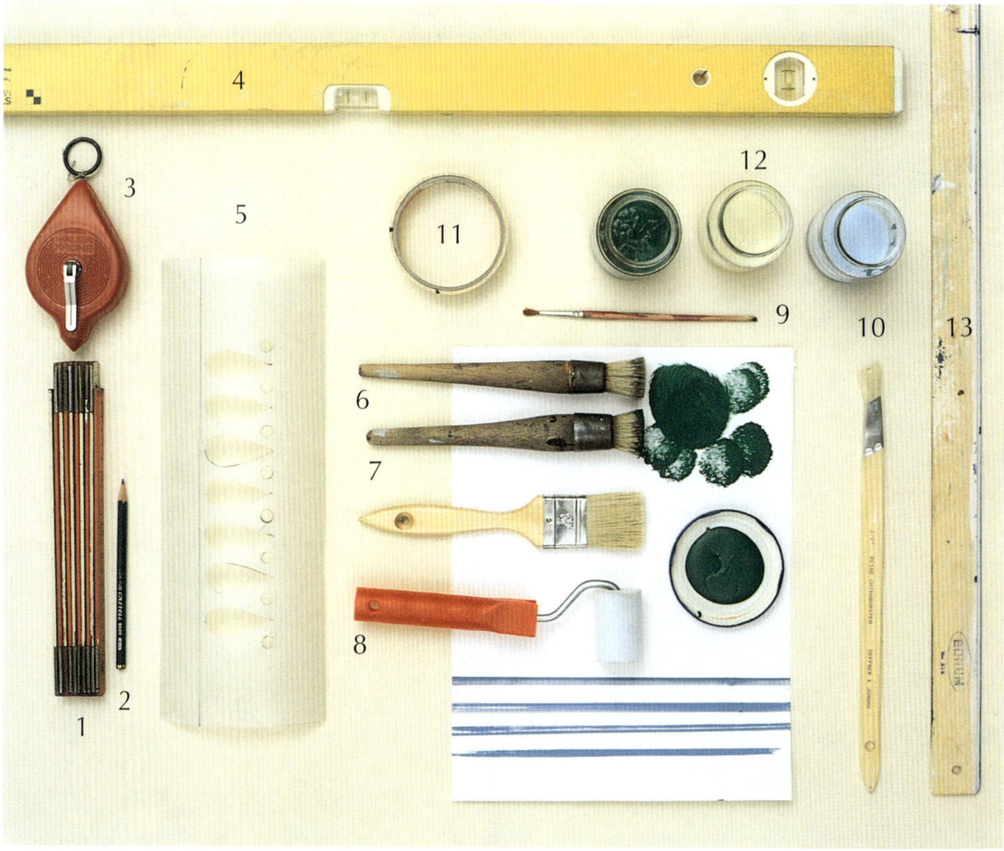

25 Fünf verschiedene Schablonenarten: 1) Ein Punkt als Paßmarke. 2) Ein Ornamentteil (Blatt) als Paßmarke. 3) Diese Schablone wird auf Stoß angelegt. Die Pfeile im Ornament zeigen auf die sogenannten Stege. 4) Dieses Flechtwerk wird auf Sicht eingepaßt. Die Lücken, auf die die Pfeile zeigen, werden mit dem zweiten und dritten Ornament geschlossen. 5) Eine zweischlägige Schablone. Die Kreise über dem grauen Motiv sind Sichtfenster zum Auflegen auf den ersten Schlag.

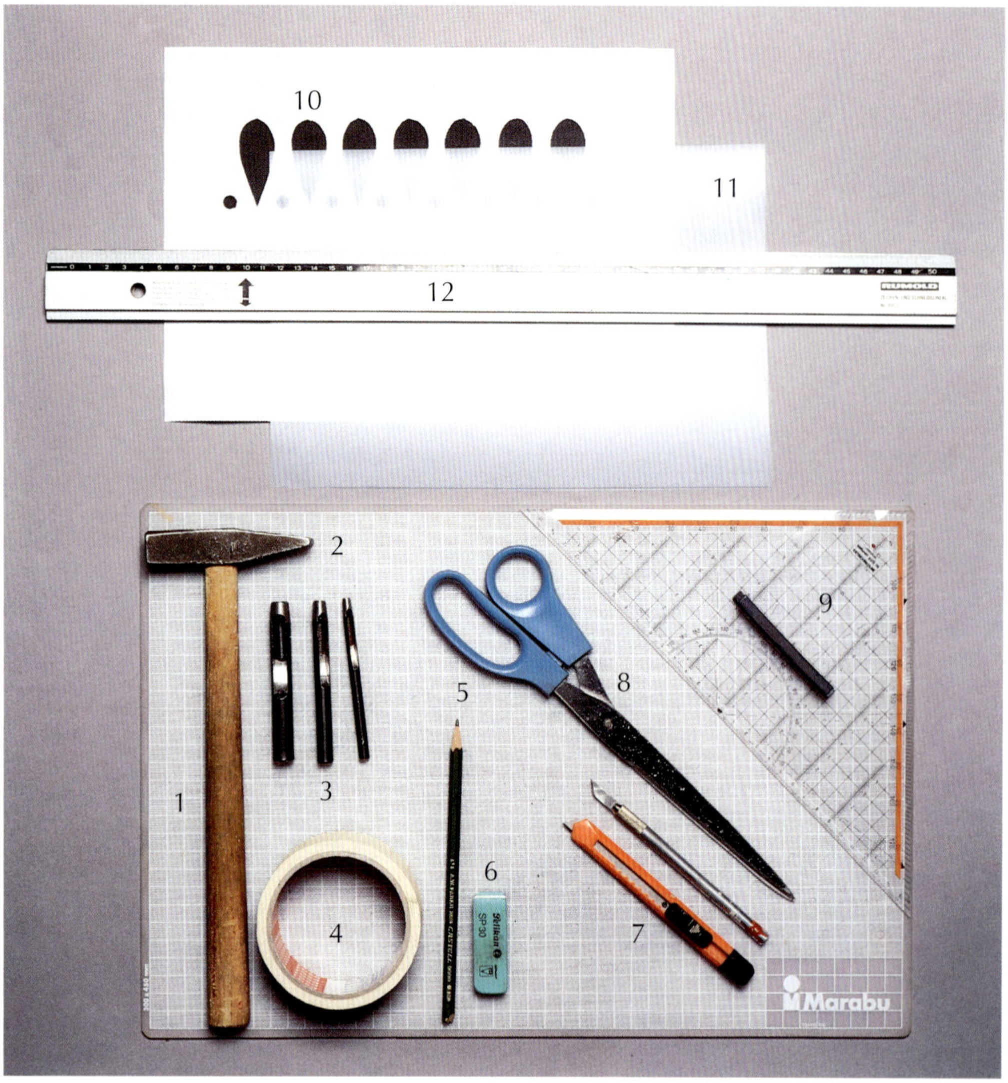

26 Mit diesen Werkzeugen wird eine Schablone hergestellt: 1) Schneideunterlage, 2) Hammer, 3) Stanzeisen für eventuelle Löcher, 4) Kreppband, 5) Bleistift, 6) Radiergummi, 7) Cuttermesser oder Schablonenschneidemesser, 8) Schere, 9) Geodreieck, 10) fotokopiertes Ornament, 11) Folie, 12) Stahllineal

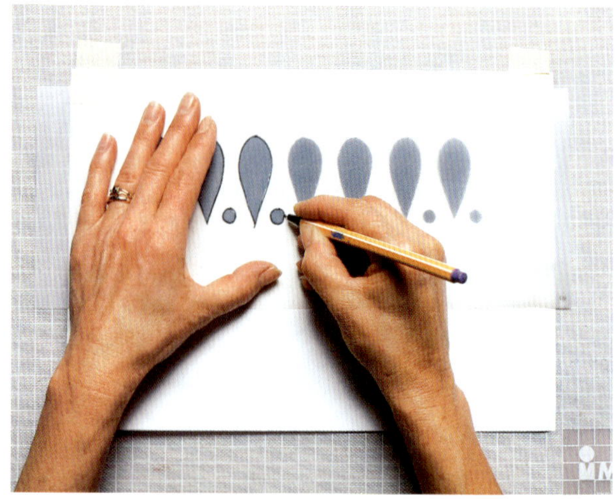

SCHABLONE SCHNEIDEN

Das ausgewählte Motiv wird auf die gewünschte Größe kopiert, die Folie auf die Kopie gelegt, mit Kreppband fixiert und das Muster mit einem Bleistift oder sehr feinem Faserstift nachgezeichnet. Wenn es sich um ein Ornament mit zwei oder mehr Farben handelt, wird für jede Farbe eine eigene Schablone ausgeschnitten. Die Paßmarken sitzen dann auf jedem Schlag, sofern es sich nicht um ein Ornament handelt, das auf Stoß gelegt oder per Augenmaß eingepaßt wird.
Kleine Rapporte wiederholen sich auf der Schablone so oft, bis die Schablone maximal 35 bis 40 cm lang ist. Mit diesem Format läßt sich handlich umgehen. Als Schneide- und Stanzunterlage bietet der Künstlerbedarf spezielle Platten an.

30 Diese 18 Ornamente verdeutlichen, wie vielseitig sie gestaltet werden können. Die Motive stammen aus dem Buch der Autorin, »Schablonieren«, Callwey Verlag.

◁ 27 Das Ornament wird von der Fotokopie auf die durchsichtige Folie mit Bleistift übertragen. Dabei wird die Folie auf der Fotokopie und der Schneideunterlage mit Kreppband fixiert.

◁ 28 Die Folie wird auf der speziellen Schneideunterlage ausgeschnitten.

◁ 29 Die Löcher gelingen am besten mit dem Stanzeisen.

SCHABLONIER-TECHNIKEN

Zum Schablonieren kann man verschiedene Pinsel benutzen, mit ihnen auf unterschiedliche Art die Farbe auftragen und damit das Erscheinungsbild des Ornaments variieren.

<u>Deckend Stupfen:</u> Das ist die gebräuchlichste Methode. Dabei wird der runde Stupfpinsel mit den kurzen, glatt abgeschnittenen Borsten in hämmernder Bewegung auf die Schablonenöffnungen gestupft, bis die Farbe deckt. Der trockene Stupfpinsel wird nur mit den Spitzen in Farbe getaucht, auf einer Pappe abgestreift und erst dann auf die Wand gestupft. Ist der Pinsel zu naß, gibt es am Ornamentrand hinter der Schablone Kleckse. Ein Pinsel mit längerem Borstenbesatz (siehe Abb. 24/6) kann alternativ zum traditionellen Stupfpinsel benutzt werden. Mit diesem Pinsel wird die Farbe mit leicht kreisenden Bewegungen aufgetragen. Das geht schneller, aber leider kommt es auch häufiger zu Klecksen und unsauberen Ornamentkanten. Für diese Methode sind daher eine stark saugende Wand und dickflüssige Farbe die besten Voraussetzungen.

<u>Lasierend stupfen:</u> Die Handhabung ist die gleiche wie oben beschrieben, nur der Farbauftrag mittels Stupfpinsel erfolgt dünner. Dünnflüssige, lasierende Farbe ist vorteilhaft. Man kann die Lasur ganz gleichmäßig auftragen, betont wolkig oder reduziert, wie Abbildung 31 zeigt.

<u>Rollen mit der »Maus«:</u> Was ungeduldige Pinselstupfer ständig gedanklich beschäftigt, ist unter bestimmten Voraussetzungen möglich:
Eine stark saugende Wand und die richtige Menge Farbe in der Rolle ermöglichen diese schnelle Methode. Die Rolle wird in Farbe getaucht, auf dem kleinen Gitter abgestreift und auf der Pappe mit Schablone ausprobiert. Sie muß so trocken sein, daß keine Kleckse entstehen, und das Ornament lasierend erscheint. Eine deckende Farbe wird durch mehrmaliges Rollen erreicht. Bedingt zu empfehlen.

31 Vier verschiedene Arten zu schablonieren:
1) deckend,
2) lasierend,
3) granierend,
4) mit der Maus gerollt

<u>Granieren:</u> Dies ist eine eigenständige Lasurtechnik, die zum Schablonieren nur dann geeignet ist, wenn das Ornament großflächig ist. Als Pinsel eignet sich ein flacher Lackierpinsel, dessen Besatz nicht ganz gerade abgeschnitten, sondern leicht fransig ist. Der Pinsel wird nach der Farbaufnahme auf einer Pappe fast trocken ausgestrichen und dann ganz leicht über die Schablone gestrichen, so daß die Borstenspuren deutlich zu sehen sind.

Der Schablonierarbeit an der Wand gehen viele Vorübungen auf der Pappe voraus. Dabei überzeugt man sich, ob die Farbwahl stimmt, die Paßmarken richtig sitzen und die eigene Fingerfertigkeit und der Umgang mit der Schablone genügen, um das Projekt in die Tat umzusetzen.

32 So verläuft die Schablonierung waagerecht: Die Schlagschnurlinie und die Linie auf der Schablone decken sich. ▷

33 Auch eine bereits ausgeführte Linierung dient als Orientierung: Linierung und Schablonenlinie fluchten. ▷

Die Schablone wird mit einer Linie versehen, die beim Schablonieren an der Wand mit der Linie der Schlagschnur oder der eventuell schon gemalten Linierung fluchtet.

Mein Tip: Nie ohne die Hilfslinie auf der Schablone arbeiten, denn das führt zu Paßproblemen.

Folgendes Werkzeug wird benötigt: Schablone, Kreppband, kleiner Teller für Farbportionen, Pinsel und Pappe zum Pinselabstreifen. Die Schablonierfarbe wird an einem standsicheren Ort aufbewahrt. Da so viel Arbeitsgerät von der Leiter aus nicht gut bewältigt werden kann, wird vom stabilen Tisch aus gearbeitet.

In der unauffälligsten Ecke des Raumes wird begonnen, denn hier endet der Fries wieder und muß passend zusammengefügt werden. Etwa fünf Rapportlängen vor Schluß mißt man aus, wie sich Anfang und Ende begegnen werden. Kurze Ornamente lassen sich leichter passend anschließen als lange. Bei geringen Abstandsdifferenzen genügt es, die Schablone mehrfach beim Anlegen etwas zu versetzen, also nicht exakt nach Paßmarke. So lassen sich einige Zentimeter Platz durch Strecken oder Zusammenschieben manipulieren. Bei langen Ornamenten kann es erforderlich sein, eine Partie des Ornaments wegzulassen. In diesem Fall entscheidet man sich für einen Teil, der die Harmonie der Musterabfolge am wenigsten stört.

Bei zwei- und mehrschlägigen Schablonen ist diese eventuelle Tüftelei nur beim ersten Schlag zu lösen. Für alle folgenden Farben ist die Treffpunktlösung damit vorgegeben.

Da die Farben schnell trocknen, ist es möglich, vom Tisch aus alle Schläge nacheinander zu stupfen und erst dann den Tisch weiterzurücken. Für jede Farbe wird ein eigener Stupfpinsel benötigt.

Unzugängliche Stellen wie die Ecken verlangen etwas Fingerakrobatik. Ganz schwierige Stellen können auch nachträglich mit dem Spitzpinsel freihand gemalt werden. Die unvermeidlichen Kleckse werden mit der Hintergrundfarbe wegretuschiert. Keine Angst vor kleinen Unregelmäßigkeiten – Schablonieren ist Handarbeit. Das darf man sehen, sonst sähe der Fries aus wie gedruckt oder schlimmer – wie Abziehbilder.

Die Schablone ist ein Werkzeug, das sich immer wieder verwenden läßt. Deshalb wird sie nach der Arbeit gereinigt. Kalkkasein- und Leimfarben lassen sich spielend leicht mit Wasser abwaschen. Dispersionsfarben lösen sich nur sehr schwer von der Schablone. Werden große Flächen schabloniert, muß die Schablone auch während der Arbeit hin und wieder gereinigt werden, weil sich (vor allem kleine) Öffnungen zusetzen.

BLATTMETALL-VERZIERUNG

Bunt- und Edelmetallverzierungen auf einzelnen Ornamentteilen werten eine Schablonierung stilvoll auf. Der Künstlerbedarf führt Blattmetalle aus Aluminium, Kupfer, Messing (sogenanntes Schlagmetall), Silber und Gold. Da Blattgold und -silber nur mit speziellen Werkzeugen verarbeitet werden können, bieten Transfergold und -silber eine echte Alternative. Diese Edelmetalle werden verarbeitungsfreundlich mit der Schere zerteilt und wie die Buntmetalle mit den Fingern aufgelegt.
Die vorgesehenen Stellen werden mit Anlegemilch und dem Spitzpinsel ohne Fehlstellen benetzt. Nach etwa 15 Minuten, wenn die Milch klar geworden ist, und nach spätestens 48 Stunden wird das Blattmetall angelegt. Das ist eine große Zeitspanne, die das Metallisieren vereinfacht. Als Alternative zur Anlegemilch gibt es noch das Anlegeöl (als Mixtion bezeichnet). Im Außenbereich kann nur Öl verwendet werden. Bei der Ölvergoldung muß der richtige Zeitpunkt zum Anlegen abgepaßt werden. Ist das Öl noch zu naß, »säuft« das Blattmetall ab: es wird vollkommen stumpf. Das Öl kann nur vor seinem fast völligen Trocknen belegt werden. Da die Arbeit mit Mixtion etwas Erfahrung voraussetzt, sollte der Unerfahrene lieber die Anlegemilch verwenden.

34 Alles zum Vergolden: 1) Schere für das Transfergold, 2) Spitzpinsel, 3) Einkehrpinsel, 4) Transfergold, 5) Watte, 6) Anlegemilch, 7) Schlagmetall: Messing, 8) Blattaluminium

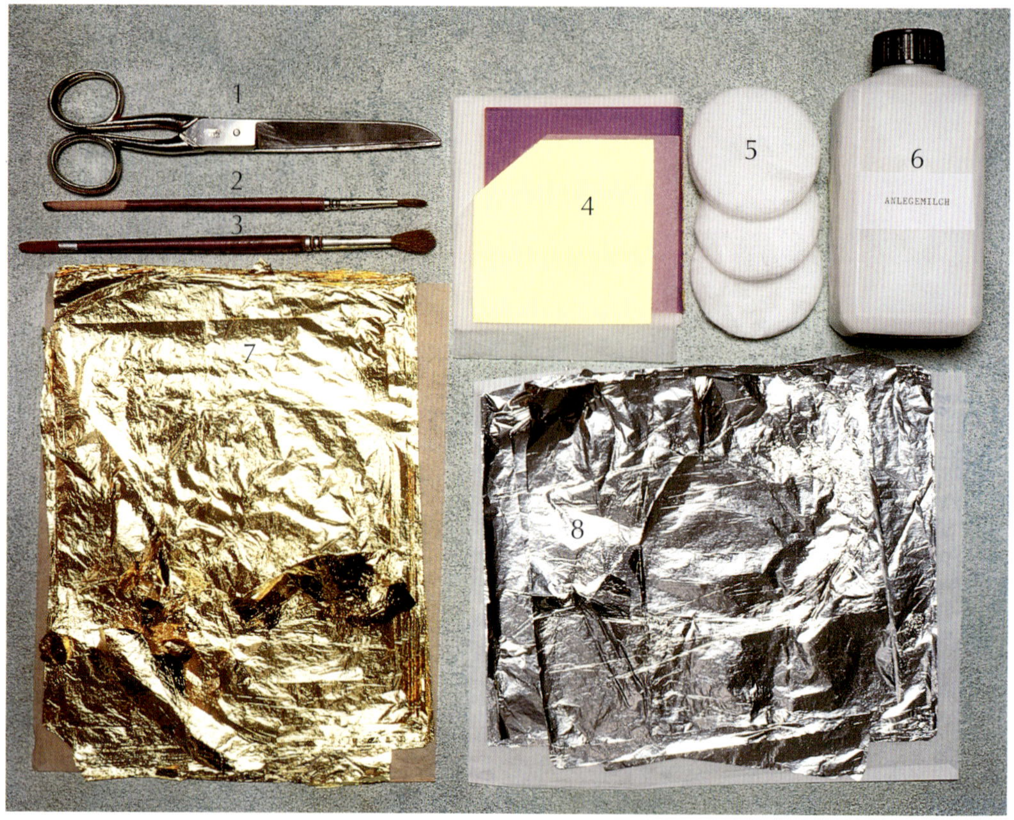

35 Jugendstilschablone. Leider ist nur dieser eine Schlag bekannt.

GESUCHT WIRD ...
... der zweite Schlag zu der abgebildeten Jugendstilschablone. Seinerzeit war es üblich, die Reihenfolge der Schläge durch die Anzahl der Löcher hinter der Seriennummer zu kennzeichnen. Wie aus der Nr. 668 o hervorgeht, muß es mindestens noch einen Schlag (668 oo) geben. Besitzt einer der Leser vielleicht den fehlenden Schlag oder wurde er bei einer Freilegung entdeckt? Falls ja – bitten die Autoren um Kontaktaufnahme über den Verlag. Es wäre doch schön, diese alte Schablone wieder komplettieren zu können.

36 Mit dem Spitzpinsel wird Anlegemilch auf die zu metallisierende Fläche aufgetragen.

37 Unedle Blattmetalle werden mit den Fingern zerteilt.

38 Transfergold (oder -silber) wird mit der Schere zerschnitten.

39 Das Blattmessing wird mit den Fingern auf die mit Anlegemilch benetzte Stelle zart angedrückt.

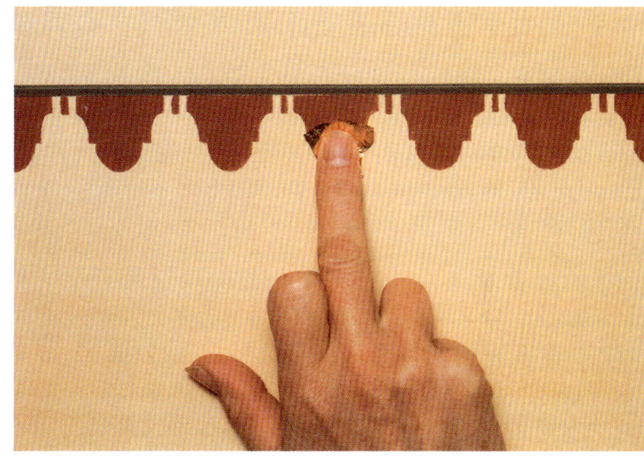

40 Das Transfergold wird mit dem anhaftenden Papier auf die zu vergoldende Stelle gedrückt. Das Gold haftet, das Papier löst sich.

41 Ob Transfergold oder Schlagmetall: ein kleiner Andruck mit Watte sorgt für garantierte Haftung.

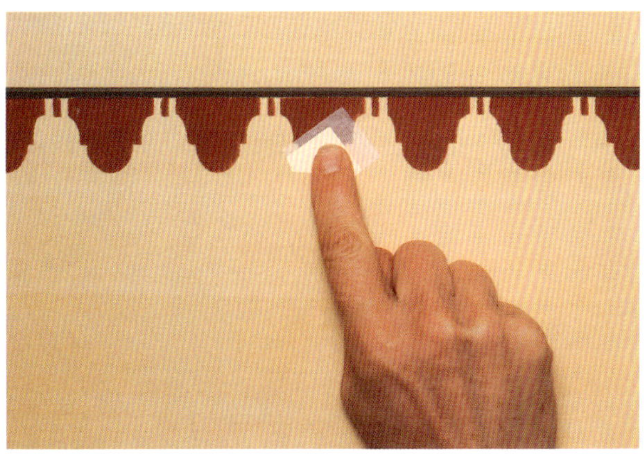

42 Überschüssiges Blattmetall wird mit dem Einkehrpinsel weggeschoben.

TROMPE-L'ŒIL

Mit Trompe-l'œil wird die illusionistische Malerei bezeichnet, die in der Renaissance und im Barock ihre künstlerischen Höhepunkte hatte. Wände und Decken wurden so bemalt, daß anstelle einer glatten Fläche Landschaften, Arkadengänge, Treppen, Säulen und Himmelsgewölbe plastisch zu sehen waren. »Das Auge täuschen« wird diese Malerei daher aus gutem Grund genannt.
Bis in die höheren Sphären dieser Malkunst reicht das Kapitel nicht. Es beschäftigt sich mit wenigen Grundlagen, die es ermöglichen, nur durch Linien für Licht und Schatten einer Fläche Tiefe zu geben und sie dadurch dreidimensional wirken zu lassen.

Licht- und Schattenlinien für die Quaderung: Die Farbe für das *Licht* wird aus dem Lokalton und Weiß gemischt. Die Farbe für den Schatten wird aus dem Lokalton und Schwarz gemischt. Der Lokalton ist die Farbe des Gegenstandes: hier der Sandstein und das Geländer.

Licht und Schatten sollten nicht mehr als einen Farbton vom Lokalton abweichen, also keine harten Kontraste haben.

Eine Faustregel besagt: Das Licht kommt von links oben (subjektives Harmonieempfinden). Aber – keine Regel ohne Ausnahme: Ist eine natürliche Lichtquelle vorhanden (Fenster oder Tür), kommt das Licht von dort. Praktisch gesehen heißt das: Auf der Malerei links vom Fenster kommt das Licht von rechts oben, auf der Malerei rechts vom Fenster von links oben. Die abgebildeten zwei Beispiele verdeutlichen die Theorie.

43 Die Licht- und Schattenlinien verdeutlichen, woher das Licht kommt: hier von links oben.

44 Hier kommt es von rechts oben.

Das Geländer auf Seite 33 hat noch zwei weitere Elemente aus der illusionistischen Malerei: einen zweiten, dunkleren Schatten und einen Schlagschatten, der auf den Geländersockel fällt (siehe Abbildungen 46/47 und 48).

Die Farbe für den Schlagschatten wird aus der Farbe des Hintergrunds (auf den der Schatten fällt) und Schwarz gemischt. Alle Farben werden lasierend (= mit Wasser verdünnt) aufgetragen, so daß der Untergrund noch durchschimmert.

45 Rotbraune Schablonierung auf grau-grünem Grund: sie wirkt flächig.

46 Der hellgrüne, lasierende Schatten verleiht leichte Plastizität. Am Fuß wirft das Geländer einen Schlagschatten. Die Schattentöne sind hier nicht mit Schwarz, sondern mit Dunkelgrün gemischt.

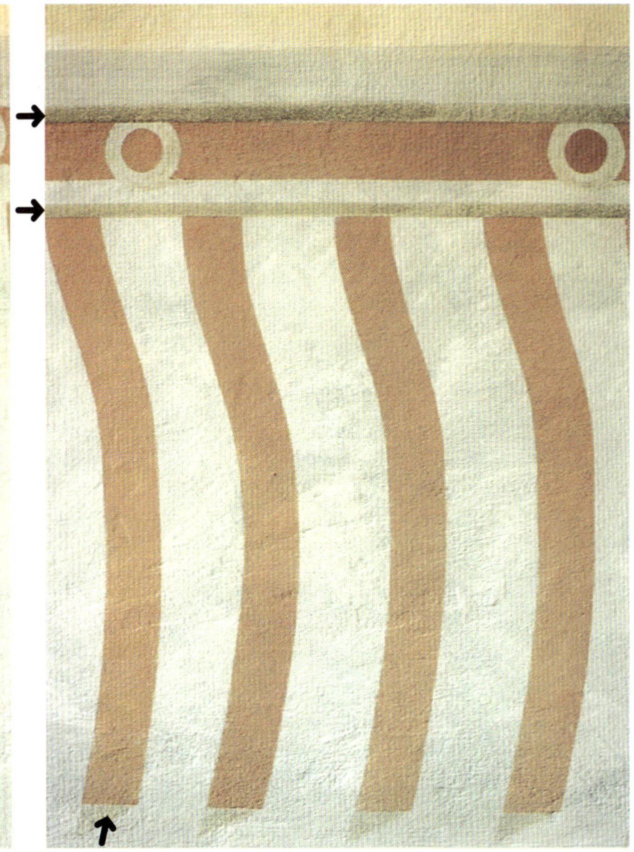

47 Der zweite dunkelgrüne, lasierende Schatten verstärkt den plastischen Eindruck.

48 Das Licht (weiße Lasur) vollendet die optische Täuschung.

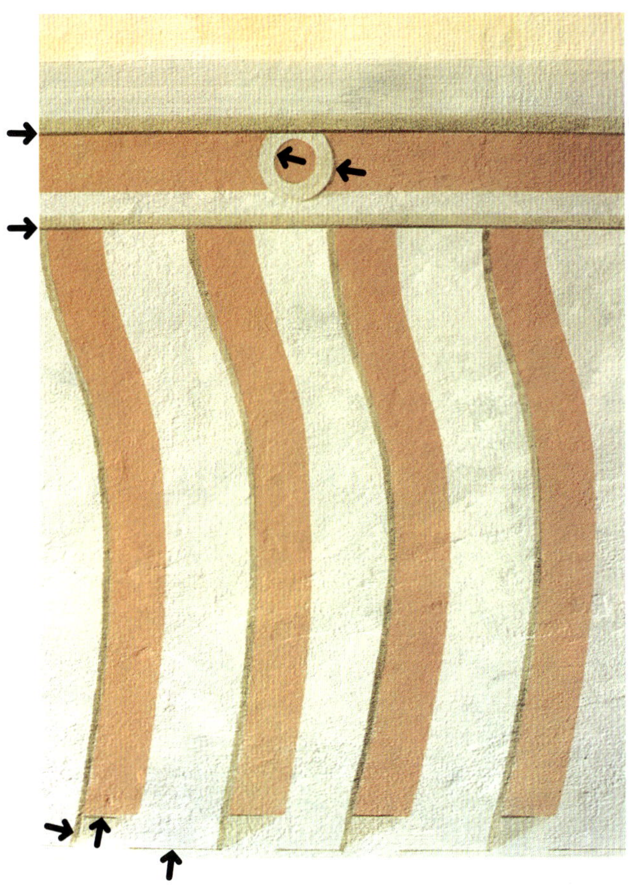

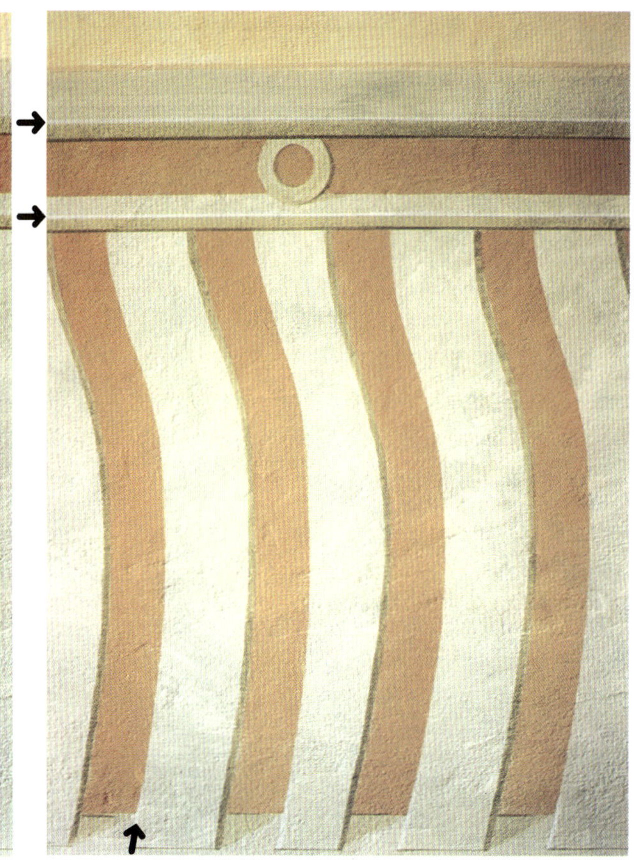

GRANIT-IMITATION

Neben Granit-Imitationen in Fluren und Treppenhäusern als Sockelgestaltung macht sich diese Steinimitation auch sehr gut für die Möbelgestaltung, zum Beispiel als Tischplatte oder Regalbord.

<u>Untergrund:</u> Putz von glatt bis rauh, Gipskarton, Holz
<u>Werkzeug:</u> Flächenstreicher, Naturschwamm, Malerlineal, Strichzieher
<u>Farben:</u> Silikat, Dispersion, Acryl, Kasein (Plaka), Leim, Kalkkasein auf mineralischen Untergründen, Dispersion, Acryl, Plaka auf Holz

Soll ein Granit ganz genau imitiert werden, müssen alle in ihm vorkommenden Farben exakt nachgemischt werden. Bei Phantasiegranit kommt es auf die Farbigkeit nicht so sehr an. Der Naturschwamm sorgt schon für den naturnahen Granitcharakter.

<u>Arbeitsweise:</u> Die flächenmäßig am meisten vertretene Farbe in dem zu imitierenden Granit wird als Grundfarbe deckend auf die Wand oder auf das Werkstück gestrichen. Dann werden drei weitere Farben, die im natürlichen Stein vorkommen, mit dem Naturschwamm in ihrer tatsächlichen Dichte aufgestupft. Das heißt, ein Grau kann dichter vorkommen als ein Rosa.

An Wänden oder Sockeln folgt nun eine Quadereinteilung nach Art des Trompe-l'œil (siehe Seite 32).
Farben für den hellen, abgebildeten Granit wären:
Licht = das ist die Hintergrundfarbe, lasierend aufgetragen
Schatten = der Grauton aus dem Granit, lasierend aufgebracht
Farben für den dunklen, abgebildeten Granit wären:
Licht = hier der hellste gestupfte Ton, lasierend liniert
Schatten = Schwarz, lasierend gemalt.

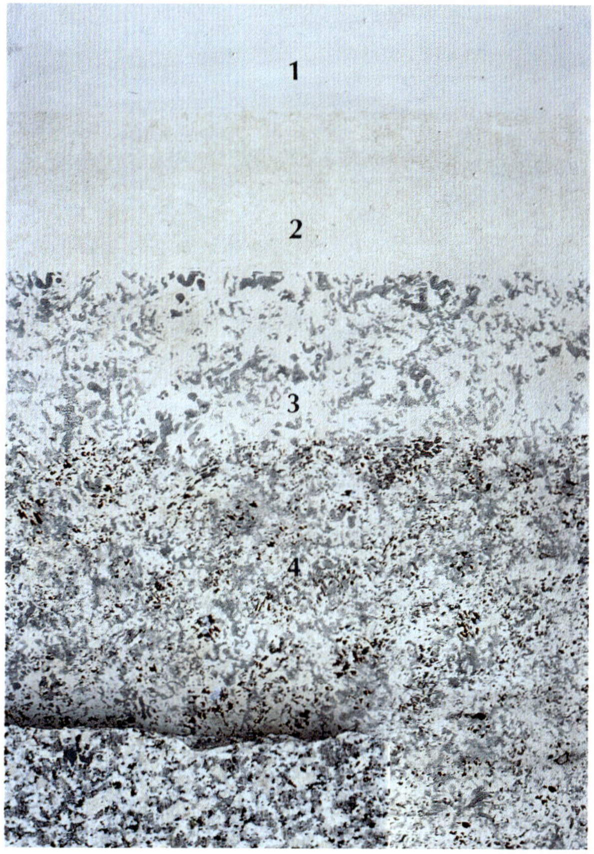

49 Helle Granit-Imitation, mit dem Naturschwamm dargestellt. Reihenfolge der Arbeitsgänge:
1) Fläche mit schmutzigem Weiß streichen, 2) zarte, beige Farbe mit dem Naturschwamm aufstupfen,
3) mittelgraue Farbe stupfen,
4) dunkelgraue Farbe stupfen.

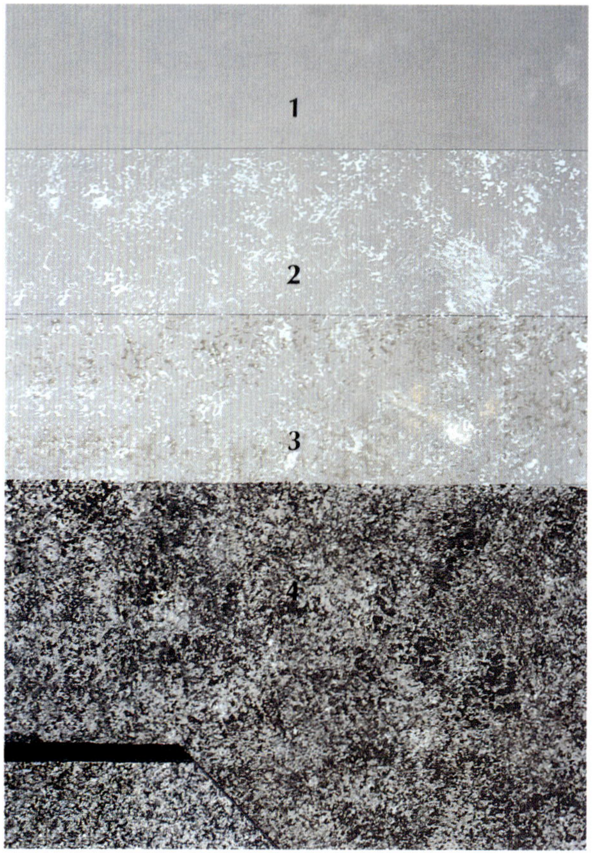

50 Dunkelgraue Granit-Imitation, mit dem Naturschwamm ausgeführt. Reihenfolge der Arbeitsgänge:
1) Fläche mit mittlerem Grau streichen, 2) ganz helles Grau mit dem Naturschwamm stupfen, 3) braungrauen Ton stupfen, 4) Schwarz stupfen.

Möbel werden anschließend mit einem schützenden Klarlack überzogen. Besonders robust wird die Oberfläche, wenn das Möbel beim Autolackierer eine Zweikomponenten-Lackierung erhält.

51 Mit der viereckigen Tupfbürste wird der zweite Farbauftrag im nassen Zustand flächendeckend getupft. Das erzeugt eine steinartige Optik (siehe auch Abbildung 63). ▽

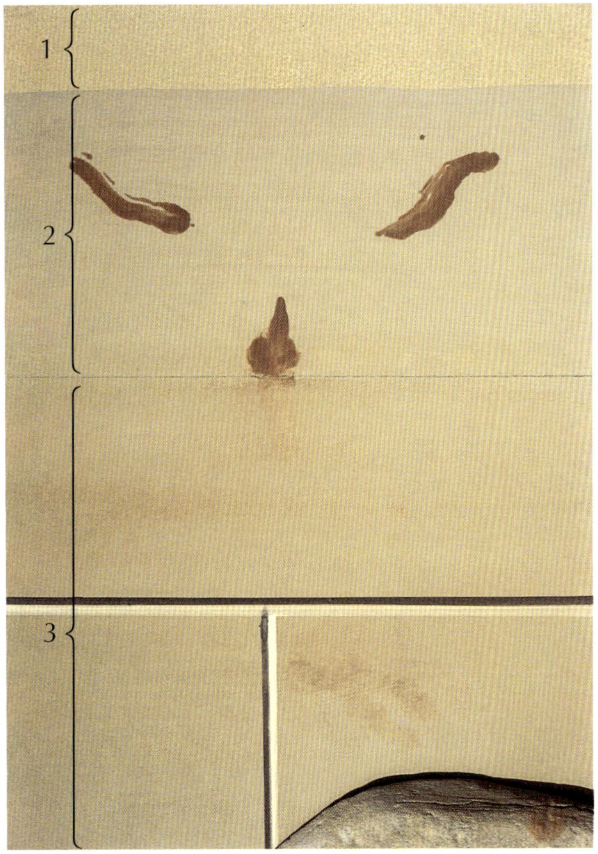

△ ▷ 52 Sandstein-Imitation, mit der Tupfbürste ausgeführt.
1) Die Fläche wird mit der helleren, im Originalsandstein vorkommenden Farbe deckend gestrichen.
2) Nach dem Trocknen wird die Fläche mit der dunkleren, im Sandstein vorkommenden Farbe gestrichen und stellenweise mit Klecksen versehen (Nachahmung der farbigen Einschlüsse im Stein).
3) Der zweite Anstrich und die Kleckse werden im nassen Zustand mit der Tupfbürste getupft. So entsteht eine typische Sandsteinoberfläche. Licht- und Schattenlinien teilen die Oberfläche in Quader ein.

53 Sandstein-Imitation mit Quadereinteilung. Einfache Ausführung mit grauen Linien – keine Licht- und Schattenlinien. ▷

SANDSTEIN-IMITATION

Diese Steinart wirkt in Fluren und Treppenhäusern besonders attraktiv. Auch Fenster- und Türgewände, Sockel oder ganze Wände eignen sich für diese Gestaltung.

<u>Untergrund:</u> Putz von glatt bis rauh, Gipskarton, Holz
<u>Werkzeuge:</u> Großer Flächenstreicher oder Bürste, Tupfbürste, Borstenpinsel, Malerlineal, Strichzieher
<u>Farben:</u> Silikat, Dispersion, Kasein (Plaka), Leim

Soll die Imitation einem Originalstein entsprechen, muß die Farbigkeit exakt nachgemischt werden. Es sind aber auch farblich andere Interpretationen möglich (siehe Seite 76).
Die Fläche wird mit zwei Farben dargestellt, und die Flecken, wie sie auch im natürlichen Stein vorkommen, mit ein bis zwei Farben.

<u>Arbeitsweise:</u> Die gesamte Fläche mit der hellen Farbe deckend streichen, trocknen lassen. Die zweite, dunklere Farbe unruhig anlegen, mit farbigen Flecken versehen und in die noch nasse Farbe mit der Tupfbürste die Struktur tupfen.
Mit der zweiten Farbe arbeitet man zu zweit: Einer legt die Farbe vor, der Partner tupft in die nasse Farbe. Zweite Möglichkeit: Farbe und Flecken werden in kleinen Flächen vorgelegt, damit sie noch im nassen Zustand gestupft werden können.
Für die Quaderung werden nach dem Trocknen die Linien für Licht und Schatten gezogen.

Lichtfarbe = die Sandsteinfarbe und Weiß, lasierend aufgetragen
Schattenfarbe = die Sandsteinfarbe und Schwarz, lasierend (unter Wasserzugabe) gemalt

SPACHTELTECHNIK

Die Spachteltechnik ist eine Wandgestaltung, bei der mittels einer Spachtel eine feine Masse aufgetragen und gleichzeitig geglättet wird. Die Spachtelschläge bleiben dabei deutlich zu sehen. Ihre Transparenz ergibt zusammen mit dem Durcheinander und Übereinander der Schläge ein sehr faszinierendes, elegantes Bild. Es gibt heute viele Interpretationen dieser klassischen Dekorationstechnik. In diesem Kapitel wird aber nur der glänzende »Stucco lustro« (blanker Putz) behandelt. Er ist der Klassiker und die edelste unter den Spachteltechniken mit einem ganz eigenen Reiz. Seine Tiefenwirkung ist faszinierend, seine Gestaltungsmöglichkeiten sind vielseitig.

Die Spachteltechnik hat eine lange Tradition. Bereits in Pompeji und Herculaneum schmückte sie die Häuser der reichen Römer. Bei Ausgrabungen der beiden 79 n. Chr. vom Vesuv verschütteten Städte wurde sie wieder entdeckt. Obwohl so alt, paßt sie ausgezeichnet in ein modernes Ambiente.

<u>Untergrund:</u> Ganz glatter Putz, Holz, Metall, Kunststoff (je nach Bindemittel im angewendeten Produkt)
<u>Werkzeuge:</u> Kleine Glättkelle mit abgerundeten Ecken, Stilspachtel, Japanspachtel (alle rostfrei), Kunststoffspachtel
<u>Materialien:</u> Komplettsysteme verschiedener Hersteller

Die ursprüngliche Arbeitsmethode ist sehr zeitaufwendig und kostenintensiv. Zunächst muß der Untergrund ganz glatt gespachtelt und/oder geschliffen werden. Danach folgen mehrere Spachtelschichten – immer mit Zwischenschliff – aus einer cremigen Masse aus Kalk, Marmormehl und Pigmenten. Das Ergebnis ist nach der Wachspolitur eine hochglänzende, halbtransparente Fläche mit sehr viel Tiefenwirkung.

54 Werkzeuge für die Spachteltechnik: 1 kleine Glättkelle mit abgerundeten Ecken, 2 rostfreie Stilspachtel, 3 rostfreie Japanspachtel, 4 Kunststoff-Japanspachtel

Die Farbenindustrie, und vor allem die italienische, hat sich in den letzten Jahren Systeme einfallen lassen, die diese Prozedur wesentlich vereinfachen. Das heißt, die Arbeitsgänge werden reduziert, und der Anspruch an die handwerkliche Fertigkeit ist geringer. Die Systeme unterscheiden sich in ihrer handwerklichen Abwicklung und in ihrer Materialzusammensetzung. Den Klassiker mit Kalk, Marmormehl und Pigmenten gibt es ebenso wie Produkte mit Silikat- oder Zementbindemittel oder solche auf Dispersions- beziehungsweise Acrylbasis.

Die Tabelle gibt eine Übersicht, erhebt jedoch keinen Anspruch auf Vollständigkeit. Es gibt noch sehr viel mehr Spachteltechnik-Produktsysteme. Allen Systemen gemeinsam ist jedoch, daß der Untergrund glatt sein muß. Das Vorspachteln und Schleifen geht der kreativen Arbeit immer voraus. Und das kann auf Putzoberflächen ziemlich aufwendig sein. Blechtüren oder Gipskartonwände begnügen sich mit flüssigen oder festen Haftbrücken – je nach Produkt – ohne aufwendige Vorarbeit.

55 Fleckspachtelung: zwei Arbeitsgänge mit der gleichen blauen Spachtelmasse

56 Flächendeckende Spachtelung: zwei Arbeitsgänge mit verschiedenfarbigen Spachtelmassen

Der gesamte Vorgang kann vier unterschiedliche Arbeitsgänge umfassen (ohne Untergrundvorbehandlung):

- Vorbehandlung mit flüssigem Haftgrund
- Vorspachtelung (ein- bis zweimal)
- Hauptspachtelung (ein- bis dreimal, auf Wunsch oder aus gestalterischen Gründen auch mehr)
- Politur (auf Wunsch)

Hierbei unterscheiden sich die Produktsysteme, denn nicht alle erfordern vier verschiedene Arbeitsgänge. Die Oberfläche kann bereits nach einem Spachtelgang fertig sein. Der Glanz kommt immer von selbst und kann mit Polituren gesteigert werden.

Zwei unterschiedliche Spachtelmethoden sind üblich. Man spachtelt die Fläche in einem Gang komplett und flächendeckend zu (wahlweise auch ein zweites oder drittes Mal). Oder man benutzt die »Fleckspachtelmethode«: Dabei wird im ersten Spachtelgang die Fläche in dichten Flecken gespachtelt, und im zweiten Arbeitsgang werden die Lücken geschlossen. Die zweite Methode bietet sich an, wenn man mit der Spachteltechnik noch nicht vertraut ist, da es hierbei einfacher ist, einen gleichmäßigen Duktus zu erzielen.

Wenn die Spachtelmasse grobkörnige, harte Pigmente und Füllstoffe enthält, bleiben graue Spuren vom Metallabrieb der Spachtel auf der Oberfläche zurück. In diesem Fall sollte man eine Kunststoffspachtel benutzen. Während der Arbeit wird die Spachtel immer wieder mit einer zweiten von Materialresten gesäubert. Sie hinterlassen nämlich, wenn sie antrocknen, Kratzspuren in der Oberfläche, die doch glatt und glänzend werden soll. Durch den Druck der Spachtel oder der Glättkelle entsteht der Glanz von selbst, kann aber durch eine Wachspolitur noch gesteigert werden.

Die Spachteltechnik gehört, auch wegen ihrer umfangreichen Untergrundvorbereitungen, zu den aufwendigen Gestaltungen. Die Schwierigkeitsgrade sind bei den fertigen Systemen unterschiedlich. Wer sich an dieses Handwerk erst herantasten möchte, versucht es am besten zunächst mit einer kleinen Fläche (siehe Seite 73). Auf den Gebinden stehen sehr präzise Arbeitsanleitungen. Sie vermitteln eine Vorstellung über den Arbeitsaufwand und den Schwierigkeitsgrad des jeweiligen Produkts.

57–59 Drei glänzende Glättspachtelungen in verschiedenen Farben

60 Ein repräsentatives Foyer mit Glättspachtelung

SPACHTEL-SYSTEM-PRODUKTE						
HERSTELLER/ IMPORTEUR	MATERIAL/ BINDEMITTEL	GELIEFERTE FARBIGKEIT	FLÜSSIGE GRUN-DIERUNG	GRUND-SPACHTELUNG	HAUPT-SPACHTELUNG	NACH-BEHANDLUNG
Caparol: Capaplast	Kunstharz-dispersion	Weiß mit Abtönfarben	ja	–	ein- oder mehr-lagig	
Diessner: Diesco Classico Stucco	mineralische Spachtelmasse	Weiß, zum selbst Abtönen	ja	ja	mindestens 3lagig	Imprägnierung für Naßzellen
Dinova: Spatula Stuhhi Classico	rein mineralisch auf Kalkbasis	Weiß mit Abtönfarben	–	eventuell	mindestens 3lagig	mit Spezialseife oder Naturwachs
Fema: Marmor-Color-System	Kunstharz-dispersion	Weiß mit Fema-Abtönfarben	ja	ja, dann schleifen	ein- oder mehrlagig	Politur oder 2× Schutzanstrich für Naßzellen
Keim: Stucco Veneziano	silikatisch, mineralisch	Weiß + 7 Volltöne, alle mischbar	–	2lagig mit Zwischenschliff	3lagig	Wachspaste auf Wunsch
Sikkens: Stucco Antico	Acryldispersion + Pflanzenöl	Weiß mit Abtönfarben	ja	2lagig mit Zwischenschliff	2lagig, ein Zwischenschliff	eine Endspachte-lung
Safra Deutschland: Stucco Veneziano	Acrylharz	Weiß mit	ja	–	mind. 2lagig	–
Calce Nova	Kalk, mineralisch	Abtönfarben	ja	–	mind. 2lagig	Wachspolitur möglich

Notwendige Vorarbeiten sind vom Untergrund, nicht vom Produkt abhängig und stehen deshalb nicht in der Tabelle.

Die Firmen Diessner und Dinova haben noch weitere Spachtel-Systeme mit glänzenden Oberflächen im Programm. Die Firmen Diessner und Safra liefern auch Spachtel und Kellen.

IMPORTEURE BZW.
HERSTELLER VON SPACHTELTECHNIK-SYSTEMEN:

Caparol Farben GmbH & Co. KG
Roßdörfer Str. 50
64372 Ober-Ramstadt
Tel.: 06154/71-0
FAX: 06154/71-222

Diessner GmbH & Co. KG
Tempelhofer Weg 38–42
12347 Berlin
Tel.: 030/600002-0
FAX: 030/6065024

Dinova GmbH
Bachstr. 38
53639 Königswinter
Tel.: 02223/72-0
FAX: 02223/22470

Sikkens GmbH
Werner-von-Siemens-Str. 11
31515 Wunstorf
Tel.: 05031/961-0
FAX: 05031/961274

Fema Farben + Putze GmbH
Borsigstr. 3
76275 Ettlingen
Tel.: 07243/78041
FAX: 07243/79023

Keimfarben GmbH + Co. KG
Keimstr. 16
86420 Diedorf
Tel.: 0821/4802-0
FAX: 0821/4802-210

Safra Deutschland
Zini-Design
Industriestr. 6
71364 Winnenden
Tel.: 07195/97370

BEZUGSQUELLEN

Werkzeuge und Material	Baumarkt	Malerfach-geschäft	Künstler-bedarf	Werkzeug-geschäft
Dispersionsfarben und Abtönfarben für Dispersion	x	x		
Dispersionsbindemittel		x	x	
Innensilikatfarben	x	x		
Abtönfarben für Innensilikat-farben, Silikatbindemittel, Plakafarben		x		
Acrylfarben		x	x	
Acrylbindemittel, Kaseinbinde-mittel, Pulverpigmente, Blatt-metalle, Anlegemilch, Anlegeöl (Mixtion), Leinöl, Kreidepulver			x	
Schellack, Goldbronze		x	x	
Tapetenkleister, DD-Lack, Parkettlack, Klarlack, Eisenglimmerlack	x	x		
eingesumpfter Kalk	x			
Naturschwamm, Ovalbürste, Tupfbürste, Schablonier-(Stupf-)pinsel, Schneideunterlage, Schablonenfolie, Schablonen-schneidemesser			x	
Deckenbürste	x	x		
Flächenstreicher, Borstenpinsel, Lackierpinsel	x	x	x	
Spitzpinsel, Strichzieher, Malerlineal		x	x	
Schlagschnur, Stahlwolle	x	x		
Wasserwaage, Lot	x			x
Stanzeisen/Hammer	x			x
Japanspachtel, Stilspachtel, Glättkelle, rostfrei, Japanspachtel aus Kunststoff	x	x		x
kleine Glättkelle, rostfrei mit abgerundeten Ecken				x oder Safra Deutschland

Dinge, die in jedem Haushalt vorhanden oder leicht zu besorgen sind (z. B. Bleistift, Spiritus), kommen in dieser Tabelle nicht vor.

Alle in diesem Buch abgebildeten Ornamente können als handgeschnittene PVC-Schablone in jeder gewünschten Größe bestellt werden bei:
Ilse Maierbacher, Zellerhornstr. 39, 83229 Aschau
Tel.: 0 80 52/94 42 – Fax 0 80 52/94 41, Preise auf Anfrage

GESTALTETE RÄUME UND OBJEKTE

61 Wohnungsflur mit verschiedenen Maltechniken: Eine Schablonierung trennt die handgemalten Streifen von der Sandstein-Imitation am Sockel.

62, 64, 65 Der dunklere Streifen wird mit einem breiten Pinsel – ohne abzusetzen – auf die helle Wand gemalt. Die Pinselspuren verlaufen nicht. Sie bleiben sichtbar.

63 Die rotbraune Sandsteinfarbe wird im nassen Zustand mit der Tupfbürste strukturiert.

WOHNUNGSFLUR MIT SOCKEL

Eine zartgelbe Acryllasur überzieht die Wände oberhalb des Sockels. Die vorher ausgemessenen und angezeichneten Streifen sind mit der Schlagschnur, die dabei gleichzeitig als Lot benutzt wurde, markiert. Dann wurden sie mit einem breiten Pinsel – ohne abzusetzen – von oben nach unten gezogen. Um diese Pinselspuren deutlich und bleibend zu hinterlassen, eignet sich eine tixotrope (nicht tropfende) Acrylfarbe sehr gut. Die Linierung – abwechselnd schmal und breit – wirkt plastischer als gleich breite Linien.
Bei dieser Schablone wird der Hintergrund farbig gestupft, und das Motiv bleibt in Wandfarbe stehen. Oberhalb und unterhalb des Ornaments läuft eine Linierung.
Sockel: Bei einer Steinimitation arbeitet man am besten zu zweit. Einer legt mit einem breiten Lackierpinsel die braune Farbe in kurzen Kreuzschlägen unruhig vor, der zweite tupft in die noch nasse Farbe mit der Tupfbürste die Steinstruktur. Die nun folgende sehr dünne, grünliche Lasur verleiht rötlichen Steinimitationen einen natürlichen Steincharakter. Licht- und Schattenlinien teilen den Sockel in Quader ein. Die Steinimitation verziert auch den Sturz im Durchgangsbogen von unten.

Maltechniken: Lasur, Steinimitation, Linierung, Schablonierung, Trompe-l'œil
Materialien: Acrylfarbe, Dispersion

◁ 66 *Zwei kleine Ornamente von einem neugotischen Altar. Das untere Motiv wird erst durch zwei Linierungen komplett.*

KLEINER FLUR MIT NEUGOTISCHER SCHABLONIERUNG

Drei Plakafarben – zwei Gelbtöne und ein Orangeton – wurden mit Wasser verdünnt und zart gewolkt Naß in Naß mit einem breiten Lackierpinsel auf die Rauhfaser gestrichen. Eine ultramarinblaue Schablonierung schmückt die gelbe Wand, darüber, auf dem weißen Streifen unter der Decke, sitzt das zweite Ornament. Es ist ein neugotisches Motiv und im Original an einem Altar einfarbig verwendet. Hier wurde beim Stupfen die jeweils nicht bearbeitete Schablonenpartie mit Kreppband abgeklebt. So entstand aus einer einfarbigen eine zweifarbige Darstellung. Zuerst wurde blau gestupft, dann das gelbe Blatt eingepaßt.

Maltechniken: Gewolkte Lasur, Schablonierung, Linierung
Material: Plakafarben, 500-ml-Gebinde

67 *Der kleine Fries fügt sich harmonisch in den schmalen Flur.* ▷

68 *Farblich passende Rosen aus dem hauseigenen Garten.*

GROSSER HAUSGANG

In diesem sehr großen, ehemals weiß gekalkten Hausgang mit Tonnengewölbe und Gurtbögen betont eine ultramarinblaue Linierung (Kalkkasein) die attraktive Architektur. Die Wände sind graublau, das Gewölbe in gebrochenem Weiß mehrfach gekalkt.

Maltechniken: Kalkanstrich, Linierung
Materialien: Kalklauge, Kalkkasein, Pulverpigmente

69 Ein Zugeständnis an das Baujahr dieses Bauernhofes: Ultramarin war Mitte des 19. Jahrhunderts ganz groß in Mode.

70 Ein Kalkanstrich in Grau-Blau und gebrochenem Weiß auf historischem Kalkputz. ▷

71, 72 Zart schimmern die Rauten durch die gelbe Wandlasur.

WOHNZIMMER MIT GELBER LASUR UND RAUTEN

Der Raum wurde zunächst gelb lasiert, dann wurden die Schnittpunkte der Rauten sehr genau ausgemessen und mit Bleistift angezeichnet. Die Schablonierung ist mit unverdünnter, weißer Dispersion gut deckend gestupft, damit sie durch die nun folgende zweite Lasur – etwas heller als die erste – durchschimmert. Die kleine rote Schablonierung unter der Stuckleiste und die grüne Linierung wiederholen die Farben aus der Gardine. Sparsam plazierte Goldpunkte korrespondieren mit der Messing-Gardinenstange.

Maltechniken: Lasur, Schablonierung, Linierung, Vergoldung
Materialien: Dispersion, Transfergold

73 Der ehemals weiße Raum hat durch die sonnige Wandlasur viel Gemütlichkeit bekommen.

74 Die kleine Schablonierung unter der Stuckleiste wiederholt das Rot und Grün der Gardine und das Gold der Gardinenstange.

75 Erste Lasur und weiße Schablonierung

76 Die zweite, etwas hellere Lasur überzieht die erste Lasur und die Schablonierung.

77 Die Schnittpunkte der Rauten wurden sehr genau ausgemessen und mit dem Lot kontrolliert.

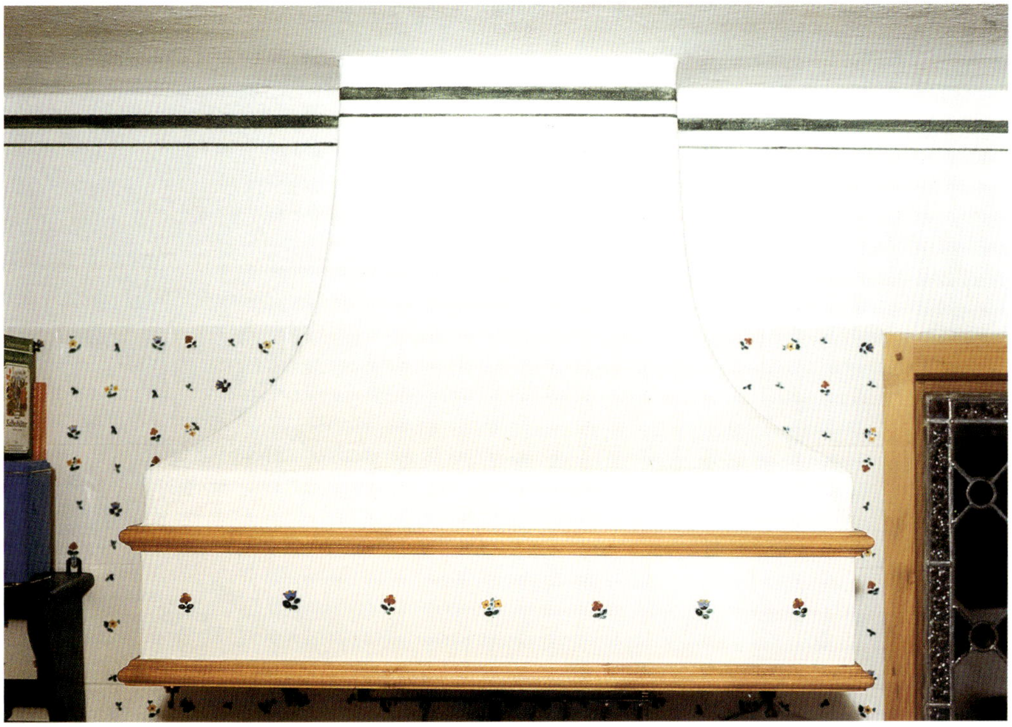

79 Als Linierfarbe wurde das Pulverpigment »Chromoxidgrün« pur in Kaseinbindemittel mit Wasserzusatz verwendet.

KÜCHE MIT LINIERUNG

Die beiden Linien – breit und schmal – wiederholen das Grün der Gardine und der Fliesen, verbinden optisch die geflieste Kochecke mit den weißen Wänden und der grün gemusterten Gardine. Eine schlichte Linierung mit großer Wirkung. Genau das hat der Küche noch gefehlt.

Maltechnik: Linierung
Materialien: Kaseinbindemittel, Pulverpigmente

◁ 78 Die Linierung rundet die dekorativen Küchenelemente ab: Streifen in der Gardine, Streifen auf den Gefäßen.

80 Eine ausgewogene Kombination: Klare Linien und bunte Blumen. ▷

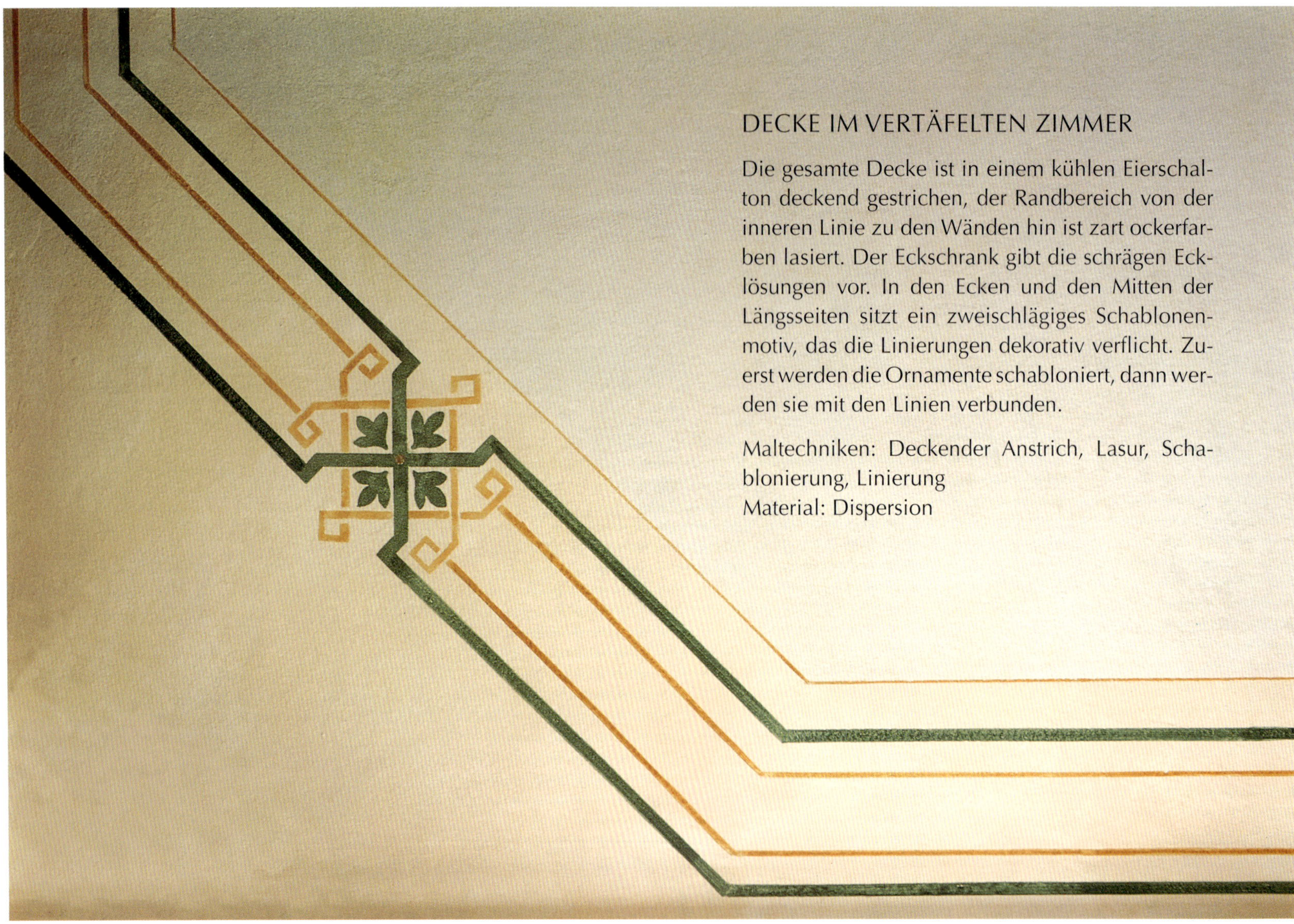

DECKE IM VERTÄFELTEN ZIMMER

Die gesamte Decke ist in einem kühlen Eierschalton deckend gestrichen, der Randbereich von der inneren Linie zu den Wänden hin ist zart ockerfarben lasiert. Der Eckschrank gibt die schrägen Ecklösungen vor. In den Ecken und den Mitten der Längsseiten sitzt ein zweischlägiges Schablonenmotiv, das die Linierungen dekorativ verflicht. Zuerst werden die Ornamente schabloniert, dann werden sie mit den Linien verbunden.

Maltechniken: Deckender Anstrich, Lasur, Schablonierung, Linierung
Material: Dispersion

◁ 81–83 *Decken sind ein vernachlässigtes Raumdetail, dabei lassen sie sich ebenso dekorativ gestalten wie Wände.*

ÖLLAMPE MIT ORNAMENT

Die Ornamente auf der kleinen Öllampe animierten uns, den Mauervorsprung damit zu verzieren. Ein Motiv entstammt dem Blechschild, das zweite dem Blechkranz, der den Glaszylinder hält.

Maltechnik: Schablonierung
Material: Leimfarbe

84, 85 Die Leimfarbe für die Schablonierung wurde passend zur Ziegelfarbe mit dem Pulverpigment »Englischrot« abgetönt.

SCHLAFZIMMER IM ÄGYPTISCHEN STIL

Die beiden Dispersionslasuren enthalten die Pigmente Ocker und Englisch Rot. Der wolkige Duktus wurde mit einer Ovalbürste lasiert. Die hohen Stellen der Rauhfaser schimmern heller, da in den Tiefen dazwischen mehr Farbe stehen bleibt. Am oberen Wandabschluß und am Deckenrand verläuft ein grau-blau lasiertes Band als Hintergrund für die aufwendige Schablonierung. An den Wänden sitzen zwei vierschlägige Ornamente übereinander. Die beiden langen Seiten der Decke sind liniert, die kurzen schabloniert. Vier blaue Quadrate mit vergoldeter Mitte verzieren die Ecken der Decke. Das Tropfenornament wiederholt sich am Sockel und rechts und links neben der Tür. Direkt am Stock oberhalb der Tür verläuft ein einfaches, freihändig gemaltes Ornament.
Der Tisch wurde mit Eisenglimmer (auf rohes Holz) gestrichen und nach dem Trocknen mit Goldbronze schabloniert und liniert. Darüber liegen zwei Schichten Klarlack.

Maltechniken – Zimmer: Lasur auf Rauhfaser, Schablonierung, Linierung, Vergoldung
Materialien: Dispersion, Pulverpigmente, Transfergold
Maltechniken – Tisch: Lackanstrich, Schablonierung, Linierung
Materialien: Eisenglimmerlack, Goldbronze, Klarlack

86, 87 Ethnomuster auf Wänden und Textilien

88, 89 Zwei vierschlägige Schablonen – übereinander – verzieren die Wände. Es sind zwei alte ägyptische Motive in Originalfarbigkeit.

90 Der Tisch wurde in die Raumgestaltung mit einbezogen: Das Sockelornament findet sich in Goldbronze auch auf dem Tisch wieder.

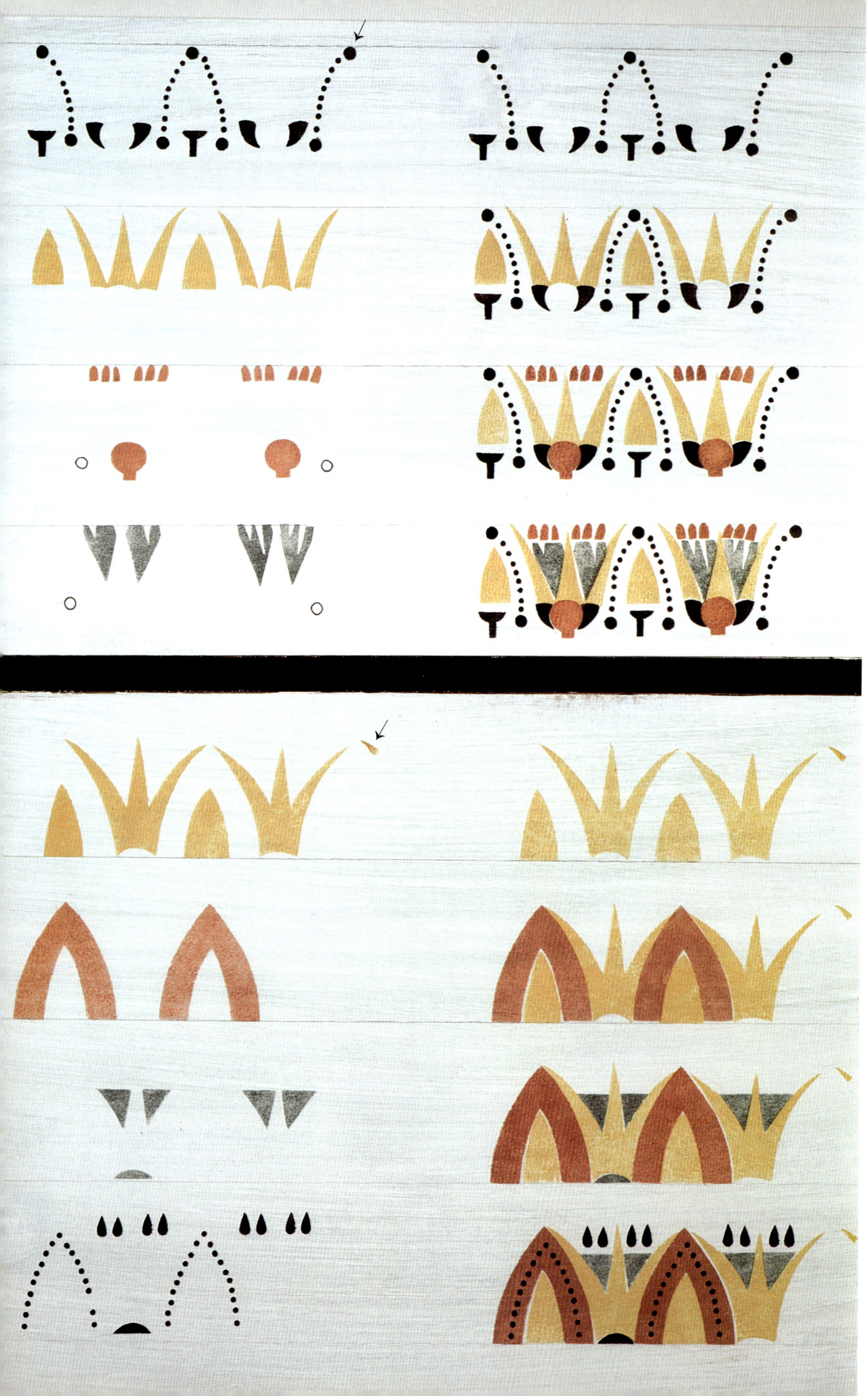

91 *Die beiden ägyptischen Ornamente im Detail: Die linke Seite zeigt die jeweils vier Schläge einzeln. Die rechte Seite verdeutlicht, wie die beiden Motive Schlag auf Schlag Gestalt annehmen.*
Die Pfeile zeigen auf die Paßmarken des ersten Schlages. Die folgenden Schläge werden per Augenmaß daraufgesetzt.

92–94 Rokoko-Ornamente in einem modernen Bad. Wenn die Wände bis oben gefliest sind, bleibt nur noch die Decke als Gestaltungsfläche – aus der Badewannenperspektive gesehen gar nicht so unbedeutend.

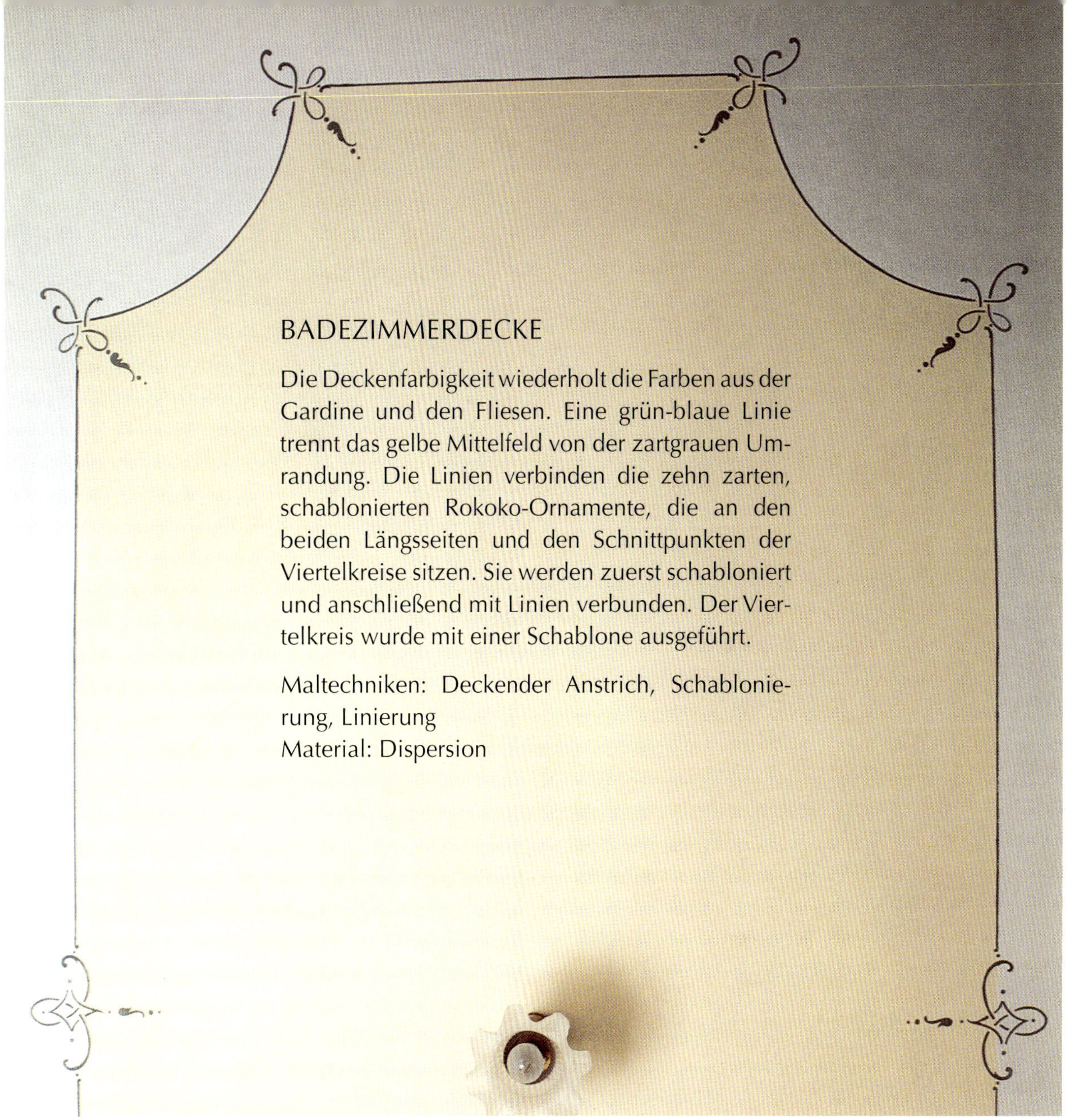

BADEZIMMERDECKE

Die Deckenfarbigkeit wiederholt die Farben aus der Gardine und den Fliesen. Eine grün-blaue Linie trennt das gelbe Mittelfeld von der zartgrauen Umrandung. Die Linien verbinden die zehn zarten, schablonierten Rokoko-Ornamente, die an den beiden Längsseiten und den Schnittpunkten der Viertelkreise sitzen. Sie werden zuerst schabloniert und anschließend mit Linien verbunden. Der Viertelkreis wurde mit einer Schablone ausgeführt.

Maltechniken: Deckender Anstrich, Schablonierung, Linierung
Material: Dispersion

BILLARD-RAUM

Die Wände des Billardraums sind mit roter Dispersionsfarbe deckend gestrichen. Die etwas dunklere Schablonierung erzeugt einen kleinen, dezenten Kontrast zum Wandton, der Glanz hebt das Ornament noch etwas hervor. Er entsteht durch den Dispersionsbinder der Schablonierfarbe (= rote Pigmente im Dispersionsbinder, mit wenig Wasser vermischt). Bei großflächigen Schablonierungen muß die Malerei hin und wieder vermessen werden. Die Wasserwaage verdeutlicht, ob das Ornament noch exakt waagerecht und senkrecht verläuft. Der sehr große Rapport ist auf der Ornamentabbildung eingezeichnet.

Maltechniken: Deckender Anstrich, Schablonierung
Materialien: Volltondispersion, Pulverpigmente, Dispersionsbinder

95, 96 Eine sehr aufwendige Raumgestaltung: Ganze Wände zu schablonieren kostet sehr viel Zeit, diese Schablone zu schneiden außerdem noch Geduld und Geschick. Das Ornament ist im Original etwa doppelt so hoch, wie auf der rechten Seite abgebildet.

JUGENDSTIL-TREPPENHAUS

Das schlicht weiß gestrichene Treppenhaus in diesem Jugendstilhaus bot sich für eine stilgerechte Dekoration an. Der aufwendigen Ausstattung gehen ein umfangreiches Ausmessen und Anzeichnen voraus. Die grünen Sockelpaneele sind zweimal lasiert. Die Dispersionslasur wurde mit dem Pigment Veroneser Grüne Erde (vorher in Wasser angerührt) abgetönt. Für die Schablonenornamente stand ein Bucheinband Pate. Die aufwendige Linierung an Wänden, Podesten und Treppenuntersichten verleiht zusammen mit den Paneelen dem Treppenhaus eine elegante und sachliche Gliederung. Schlagmetall (Messing) verziert partiell die Ornamente.

Maltechniken: Lasur, Linierung, Schablonierung, Metallisierung
Materialien: Dispersion, Pulverpigmente, Schlagmetall

◁ 97, 98 *Das Vorbild für die Ornamente lieferte ein Bucheinband.*

99 *Die Treppenuntersicht ist in die Raumgestaltung mit einbezogen.* ▷

100–102 Sockelpaneele, Linierungen und einzelne Ornamente geben dem Treppenhaus eine strenge Symmetrie. Auf einzelnen Ornamenten blitzt Schlagmetall.

103 Das dominante Jugendstilfenster hat eine passende Raumgestaltung bekommen. ▷

LANDKARTENZIMMER MIT GEWOLKTER LASUR

Die gewolkte Lasur ist mit dem Naturschwamm in einem Arbeitsgang ausgeführt. Dabei wird der Naturschwamm in kreisenden Bewegungen über die Wand gerieben. Es handelt sich um eine Silikatlasur mit einer zum Produkt gehörenden vorherigen Grundierung.

Maltechnik: Gewolkte Lasur
Material: Silikatbindemittel mit Pulverpigmenten

◁ 104, 105 *Gewolkt lasierte Wände erfreuen sich zur Zeit großer Beliebtheit.*

KAMINZIMMER MIT STREIFENDEKOR

Bei diesem dezenten Streifenmuster wird jeder Streifen vorher mit Bleistift angezeichnet. Das geht am rationellsten mit einer Pappschablone, auf der die Streifenbreiten markiert sind. Mit ihrer Skala wird entlang der Decke und entlang des Sockels angezeichnet. Die Längslinien kennzeichnet die Schlagschnur. Es wird Grau auf Weiß gemalt. Mit dem Holzlineal werden die schmalen Linien und die Kanten der breiten Bänder liniert, dann die Bänder mit dem Lackierpinsel ausgemalt. In diesem Zimmer sind die Bänder freihändig an der Schlagschnurlinie entlang gemalt. Das erspart zwar die Kantenlinierung, erfordert aber viel Übung und eine ruhige Hand.

Maltechniken: Deckender Anstrich, Linierung
Material: Dispersion

106, 107 *Eine feine Wirkung erzeugen die von Hand linierten und gemalten Streifen. Das Grau vom Kamin und vom Sockel wiederholt sich in den Streifen.* ▷

108, 109 Warme Farben und heiße Rhythmen bestimmen die Atmosphäre bei den Musikproben.

MUSIKZIMMER

Hier hat der Musiker statt in die Tasten kräftig in den Farbtopf gegriffen. Zwei Plakafarben, ein Gelb- und ein Orangeton, wurden mit Wasser verdünnt (1 : 3) und mit einem breiten Lackierpinsel Naß in Naß sowie durcheinander »gewolkt« auf den Putz gestrichen. Eine mutige Farbgebung. Aber das Ergebnis zeigt, daß kräftiges Gelb-Orange mit Ultramarin und Schwarz eine gelungene Kombination ergibt. Die relativ teuren Plakafarben sind als Wandfarbe nicht vorgesehen. Mit Wasser zur Lasur verlängert, lassen sich die Kosten aber vertreten.

Maltechnik: Gewolkte Lasur
Material: Plakafarben, 500-ml-Gebinde

ESPAÑA

BADEZIMMER MIT SPRENKELFASSUNG

110, 111

Die Schablone wurde hier einmal anders benutzt, nämlich zum Abdecken des gebogten oberen Randes. Darunter sitzt eine Sprenkelfassung aus mehreren Farben, die von einem großen Borstenpinsel herrührt. Pinselsprenkel hinterlassen den typischen »Straßenduktus«: viele Punkte liegen in Längsrichtung hintereinander. Die großen Punkte, an denen der gebogte »Vorhang« hängt, sind schabloniert.

Maltechniken: Schablonierung, Sprenkeln
Material: Dispersion

112, 113

KÜCHE MIT SPACHTELTECHNIK

Glättspachteloberflächen anstelle von Fliesen erobern zunehmend Küchen und Bäder. Sie erfüllen die gleichen Ansprüche und sehen zudem äußerst dekorativ aus. In dieser Küche mußte die Wand zunächst aufwendig geglättet werden. Danach wurde die Spachtelmasse dreilagig in Weiß, Ocker und Blau in Fleckspachtelmanier aufgetragen und mit der rostfreien Japanspachtel geglättet. Die gezackten Ränder hat das Kreppband ermöglicht. Die Schablonierung betont die Zacken und wiederholt das Blau der Möbel.

Maltechnik: Schablonierung
Spachteltechnik: Diesco-Classico Stucco
Materialien: Dispersion (Schablone), Spachtelmasse auf Kalkbasis

114, 115 Glättspachteltechniken verdrängen mehr und mehr geflieste Flächen. Die abwaschbare Oberfläche gilt als echte Alternative in Küche und Bad.

KÜCHE UND TOILETTE IN SPACHTELTECHNIK

Für diese Spachteltechnik mußten die verputzten Wände gründlich geglättet werden. Die Dispersions-Spachtelmasse wurde zweimalig in Fleckspachteltechnik mit einer Japanspachtel aus Edelstahl aufgetragen und gleichzeitig geglättet. Es gab keine Schlußbehandlung. Die Ornamenthöhe beträgt 42 cm, darüber liegt eine Linierung.

Maltechniken: Schablonierung, Linierung
Spachtelsystem: Capaplast von Caparol
Material: Dispersion

116 Die Kombination mit dieser schwarzen, strengen Schablonierung läßt die Glättspachtelwände noch exklusiver erscheinen. ▽

EHEMALIGES BADEZIMMER

Die Malerei in diesem ehemaligen Badezimmer wurde freigelegt. Anstelle der abgeschlagenen Fliesen sieht man nun eine Sandstein-Imitation. Ihre Farbigkeit ist interpretiert – nicht an einem echten Sandstein orientiert. Licht- und Schattenlinien teilen den Sandstein in Quader ein. Die Schablonierung in der Hohlkehle zeigt am Kaminvorsprung drei Unterbrechungen, die durch Spiegelung des Ornaments geschickt gelöst sind. Diese Spiegelungen sind durch die Krümmung der Hohlkehle notwendig (die Schablone wird spiegelbildlich verwendet, siehe auch Seite 96). Die Ornamenthöhe in der Hohlkehle ist 32 cm, die Wasserwelle im Sockel mißt 12 cm.

Maltechniken: Sandstein-Imitation, Schablonierung, Linierung, Trompe-l'œil
Material: Dispersion

117 Bei dieser Quaderung kommt das Licht nicht wie üblich von links oben, sondern wurde dem natürlichen Lichteinfall durch ein Fenster entsprechend von rechts oben kommend dargestellt.

118 Die Schablonierung in der Hohlkehle wurde am Kaminvorsprung dreimal geschickt durch Spiegelung gelöst.

119 Die Sandstein-Imitation hat eine Phantasiefarbigkeit. Licht- und Schattenlinien teilen die Fläche in Quader.

120, 121 Zwei Beispiele dafür, daß man überall Ornamente entdecken kann. Beim Pfeffergefäß ist eine zartblaue Lasur zu sehen, hinter dem Bierkrug eine Granur.

FOYER EINER VILLA

In diesem feudalen Villenfoyer überziehen drei Lasuren die Wände. Die erste Lasur ist hellgelb, die zweite Lasur hellocker, die dritte Lasur ist etwas heller gelb als die erste. Reihenfolge der Vergoldung am Fries: Alle zu metallisierenden Teile wurden dreimal mit Schellack gestrichen, mit roter Plakafarbe bemalt, nach dem Trocknen mit Anlegeöl (Mixtion) benetzt, nach dem fast völligen Trocknen mit Schlagmetall (Messing) belegt. Dieses wurde mit 00er Stahlwolle teilweise bis zum roten Untergrund durchgerieben. Eine Schutzschicht aus Schellack schützt vor Oxidation. Der Hintergrund wurde in gedecktem Weiß abgefaßt.

Maltechniken: Lasur, Metallisierung
Materialien: Dispersion, Schlagmetall, Plaka

122–124 Vergoldeter Bacchanten-Fries oberhalb der Wandlasur.

BLAUES ZIMMER

Die Silikatlasur wurde in kleinen, kreisenden Bewegungen mit dem Naturschwamm einmal aufgetragen. Viel Kreppband verbrauchte das Abkleben der Streifen. Für jeden Streifen wurde die Farbrolle neu und unterschiedlich mit Farbe benetzt, um verschiedene Strukturen zu erzeugen. Jeder Streifen sieht etwas anders aus. Ein großer Rollendurchmesser verhindert, daß sich der Rapport zu oft wiederholt.
Der Streifenduktus läßt sich noch wilder, aber auch viel dezenter darstellen. Das ist davon abhängig, wie dunkel und dadurch auffällig die Farbe ist, und wie gleichmäßig oder unregelmäßig die Rolle benetzt wird. Die vier Schablonenornamente sind bewußt wolkig und reduziert gestupft, damit sie mit dem bewegten Sockel und den unregelmäßigen Streifen korrespondieren.

Maltechniken: Lasur, Schablonierung, Linierung, Rollen
Material: Innensilikat

125 Alle Maltechniken mit bewegtem Duktus: die reduzierte Schablonierung, die gerollten Streifen und der gewolkte Sockel.

126 Drei Schablonen übereinander – reduziert gestupft – passen zum lebhaft unregelmäßig gerollten Streifen.

127 Eine vierte Schablone trennt den gewolkten Sockel von der gestreiften Partie.

128 Sockelgestaltungen bieten sich vor allem für Flure an, da diese meist nicht so stark möbliert sind.

FLUR MIT BEMALTEN MÖBELN UND BALUSTRADEN

Zwei Lasuren übereinander, mit dem gleichen Farbton ausgeführt, schimmern leicht gewolkt an den Wänden. Auf den grau-grün lasierten Sockel wurde die braune, zu den Bodenplatten passende Schablonierung gestupft. Die illusionistische Malerei mit Licht und Schatten macht daraus eine Balustrade (siehe Kapitel Trompe-l'œil, Seite 32).
Der Einbauschrank und der kleine Tisch wurden mit weißem Vorlack gestrichen. Darauf folgte die grünliche Lasur vom Sockel: mit Wasser verdünnt (dadurch heller) und mit Dispersionsbinder wieder stärker gebunden. Dunkelgrüne Schablonierung, Linierung und ockerfarbene Kanten runden die Fassung ab. Zweimaliger Anstrich mit mattem Klarlack (z. B. Acryllack) schützt die Oberfläche.

Maltechniken – Wand: Lasur, Schablonierung, Linierung, Trompe-l'œil
Material: Dispersion
Maltechniken: Lasur, Schablonierung, Linierung
Materialien: Vorlack, Dispersion, Klarlack

◁ 129 Dieser schablonierte Sockel wurde durch Licht- und Schattenlinien in eine dreidimensionale Balustrade verwandelt. Die genaue Arbeitsbeschreibung steht auf Seite 33.

130 Die etwas rauhe Wandoberfläche erzeugte bei dieser zweifachen Lasur ein leicht gewolktes Bild.

131 Der Einbauschrank ist mit der grau-grünen Sockellasur gefaßt und mit Schablonierung und Linierung verziert.

GÄSTEZIMMER MIT SCHABLONIERUNG

Die zart cremefarben und deckend gestrichenen Wände bekommen durch die Schwammstupfspuren – nur einen halben Ton dunkler – leichte Bewegung. Das Schablonenornament stammt aus der Gardine. Die reduziert (nicht deckend) ausgeführte Schablonierung gibt dem Ornament eine Optik, als sei es freigelegt worden. Die Längslinien in den Ecken gliedern die vier Wände in einzelne Felder. Das Weiß der Decke zieht sich in den Ecken zwischen der Linierung ganz herunter.

Maltechniken: Deckender Anstrich, Schwammstupfen, Schablonierung, Linierung
Material: Dispersion

132, 133 Decke und Zimmerecken sind weiß geblieben. Linien teilen die Wände in Felder. Für die Schablonierung ist das äußerst günstig. Die umständliche Arbeit in den Ecken und der Musteranschluß entfallen.

134 Das Schablonenmotiv stammt aus der Gardine.

◁ 135 Raffiniert: Positiv- und Negativschablone in einem. Bei der linken Hälfte wird der Hintergrund gestupft (= negativ) und bei der rechten Hälfte das Ornament (= positiv).

136 Besonders im Treppenbereich wird der lotrechte Verlauf des Ornaments immer wieder während der Arbeit kontrolliert.

TREPPENHAUS MIT SCHABLONIERTEM SOCKEL

Die Rekonstruktion von Ornament und Farbigkeit entspricht dem Befund. Raffiniert ist der Positiv-Negativ-Effekt. In einer anderen Farbigkeit könnte die Schablonierung wohl noch ansprechender aussehen. Auf die weiße Wand wird zunächst der Schablonenhintergrund deckend gestrichen, danach wird oben und unten je ein Streifen abgeklebt. Dann geht es ans Schablonieren (Ornamenthöhe ohne Streifen = 61 cm). Bei solch großflächigen Schablonierungen ist hin und wieder der senkrechte Verlauf des Ornaments zu kontrollieren, besonders im Treppenbereich. Ein Lot oder eine Wasserwaage helfen dabei. Schwarze Linien oben und unten begleiten das Ornament.

Maltechniken: Deckender Anstrich, Schablonierung, Linierung
Material: Dispersion

137 Sehr aufwendig: Ein ganzes Treppenhaus mit schabloniertem Sockel.

SCHABLONIERTE TÜR

Die Farbigkeit entspricht dem Befund. Die beiden Kassetten mit kleinen Schablonenelementen in jeder Ecke sind rundum zweifach liniert. Am Rahmen sind alle Zickzack-Karrees beidseitig liniert. Mit der gleichen Ornamentik läßt sich auch eine einfache, glatte Tür verschönern.

Maltechniken: Schablonierung, Linierung
Materialien: Kaseinbindemittel, Pulverpigmente

138, 139 Alle schablonierten Rechtecke sind beidseitig liniert. Das setzt voraus, daß diese Maltechnik sehr gut beherrscht wird.

140, 141 *Da man ein Flechtwerk in der Ecke nicht spiegeln kann, ohne daß es seine Logik verliert, bietet sich diese oder eine ähnliche Lösung mit alleinstehendem Eckornament an.*

HOLZDIELEN MIT INTARSIEN-IMITATION

Wasserbeizen sind ungeeignet, um eine Intarsienimitation zu stupfen, da sie in den Holzfasern verlaufen. Als Schablonierfarbe wurde eine Holzlasur mit Ölen und Harzen als Bindemittel verwendet (Aglaia-Naturfarben). Ein Schutzlack ist für diesen Dielenboden nicht vorgesehen. Die Schablonierfarbe ist strapazierfähig, und der Boden soll roh bleiben. Da eine Ecklösung mit logischer Verflechtung bei diesem Flechtwerkornament eine lange Tüftelarbeit voraussetzt, bietet sich eine einfache Lösung wie die abgebildete an. Andere Eckornamente nach eigener Phantasie sind ebenso denkbar.

Maltechniken: Schablonierung, Linierung
Material: Holzlasur mit Ölen und Harzen als Bindemittel

142 △ 143 ▽ 144 ▽

WEISSER FUSSBODEN MIT KELIMMUSTER

Die Vorgehensweise entspricht dem Fußboden auf der gegenüberliegenden Seite. Da das Kelimmuster hier dreifarbig ist, gibt es zwei Möglichkeiten zu schablonieren: Entweder zuerst eine der beiden Farben rundherum schablonieren, dann in die Zwischenräume die zweite Farbe stupfen, oder mit zwei Schablonen und zwei Stupfpinseln abwechselnd hintereinander arbeiten. Das Mittelteil wird danach mittels Paßmarken hineinplaziert. Als Schutzlack wird ein sehr heller Parkett- oder Zweikomponenten-Klarlack gewählt. Bei diesem Fußboden mußte nur die Schablonierung geschützt werden, denn der weiße Lack – ein strapazierfähiger, für Fußböden geeigneter Lack – war schon vorhanden.

Maltechniken: Schablonierung, Linierung
Materialien: Acrylfarbe, Parkettlack

◁142, 145△ Zwei verschiedene Darstellungen des gleichen Ornaments.

145 Webmuster wie dieses werden in den Ecken nicht um 90 Grad gedreht.

HOLZDIELEN MIT KELIMMUSTER

Der honigfarbene Ton der rohen Dielen hat sich im Lauf der Zeit von selbst gebildet. Die empfohlene Reihenfolge der Schablonierung ist folgende: äußere rote Linierung des Mäanders; Mäander stupfen; innere rote Linierung; Kelimmotive in die Ecken plazieren; Ornamente entlang der Seiten ausmessen; anzeichnen; stupfen; inneres Ornamentteil stupfen; innere, unterbrochene Linie stupfen.
Die Mäander-Ecklösungen sollten möglichst gleich aussehen. Wer diese Tüftelei vermeiden will, wählt ein separates Eckornament und stupft den Mäander im Anschluß daran von Ecke zu Ecke.

Achtung: Das Kelimmuster imitiert ein Webmuster mit Schuß und Kette und darf deshalb in den Ecken nicht um 90 Grad gedreht werden. Es ist rundherum nach einer Richtung ausgerichtet.

◁ 143, 144 Ein alternatives Eckornament: 1) Ecke schablonieren. 2) Bleistiftlinien ziehen, wo später die Linierung verläuft. 3) Mäander von Ecke zu Ecke stupfen. 4) Linieren.

Als Schutzschicht wird ein Parkett- oder DD-Lack mindestens zweimal lackiert.

Maltechniken: Schablonierung, Linierung, Lackierung
Materialien: Acrylfarben für die Schablonierung, Parkettlack oder Zweikomponenten-Klarlack (sog. DD-Lack)

146 Gehrung (45°) auf der Schablone abkleben und in der Ecke vom Fußboden beginnen.

147 Ecklösung für eine Seite

148 Für die zweite Seite wird die Schablone in der Ecke spiegelbildlich angelegt. Das heißt: Schablone reinigen und aufs »Gesicht« legen, abkleben und stupfen.

149 Gespiegelte Ecklösung. Eine Spiegelung ist bei diesem Ornament an jeder Motivstelle möglich.

150 Der fertige Boden ▽

WEISSER FUSSBODEN MIT BLAUER RANKE

Der Fußboden war vor längerer Zeit weiß gestrichen worden und sollte nun eine Schablonierung bekommen. Die Wahl fiel auf diese blaue Ranke. Die Schablone wird auf die Ecke gelegt und in der Gehrung diagonal abgeklebt. So wird begonnen und bis zur nächsten Ecke weitergearbeitet. In jeder Ecke wird die Gehrung an der Stelle abgeklebt, die sich zwangsläufig ergibt. So entsteht in jeder Ecke eine Spiegelung – eine praktische und schöne Lösung, die bei jedem Ranken- und vielen anderen Motiven möglich ist. Wird die Linierung zuerst ausgeführt, kann die Schablone praktischerweise daran angelegt werden. Ein Klarlack, mehrmals aufgetragen, schützt die Schablonierung.

Maltechniken: Schablonierung, Linierung, Lackierung
Materialien: Acryllack, Parkettlack

151, 152 Holzfußböden zu schablonieren, hat in England, Frankreich, Nordamerika und Australien – vor allem in ländlichen Gegenden – Tradition. Bei uns finden sich immer mehr Freunde dieser Fußbodenbemalung.

HOLZDIELEN MIT ETHNO-ORNAMENT

Die rohen Dielen haben im Lauf der Zeit einen honigfarbenen Ton angenommen. Die Schablonenmotive stammen von einem Teppich. Zuerst wird das Eckmotiv in die vier Ecken plaziert, dann werden die anderen beiden Ornamente abwechselnd entlang der Seiten gestupft. Die Plazierung der Ornamente wird vorher genau ausgemessen und angezeichnet. Bei den zweifarbigen Motiven wird zuerst die beige, dann die grau-blaue Farbe gestupft. Die Linierung rahmt das Ornamentband ein. Ein Zweikomponentenlack, mindestens zweimal aufgetragen, schützt die Oberfläche.
Achtung: Klarlacke färben die Schablonierfarbe dunkler.

Maltechniken: Schablonierung, Linierung, Lackierung
Materialien: Acrylfarbe zum Schablonieren, Zweikomponenten-Klarlack (sog. DD-Lack)

TISCHPLATTE MIT STEINIMITATION

Diese Bürotischplatte ist mit weißer Marmorierung bemalt. Da Marmorieren als zu umfangreiche Technik in diesem Buch nicht beschrieben wird, wird eine helle Granit-Imitation als Alternative empfohlen (vergleiche Seite 34).

Arbeitsreihenfolge: MDF-Platte mit weißem Vorlack zweimal lackieren, hellen Granit bis nah an den Rand mit dem Naturschwamm stupfen. Die Breite vom Randstreifen mit Bleistiftlinien anzeichnen, den dunklen Granit stupfen, dabei das helle Mittelfeld mit einem Pappstreifen entlang der Linien abdecken. Das Auto oder ein anderes bevorzugtes Motiv mit einer Schablone in dunklem Granit (wie der Rand) stupfen.
Bei diesem Ferrari GTO sind Scheinwerfer, Fensterscheiben und Felgen mit Transfersilber belegt, die Speichen mit einem Silberschreiber gemalt. Mit hellen und dunklen Plakalasuren wurden in Trompe-l'œil-Manier die Karosserieschwünge, Luftschlitze und Radläufe gemalt. Ein Foto war dabei eine praktische Hilfe. Die Gehrung und die Linie zwischen Mittelfeld und Umrandung sind mit Transfersilber belegt. Um solche Linien malen oder versilbern zu können, kauft man spezielle Abklebebänder beim Autolackierer. Dort wurde auch diese Tischplatte zum Schluß mit einem Zweikomponenten-Klarlack versiegelt.
Als zweite äußerst attraktive Alternative zum professionell gemalten Marmor der Tischplatte bieten sich Spachteltechniken auf nicht mineralischer Basis an (wegen der folgenden Lackierung). Siehe dazu die Tabelle auf Seite 39.

Maltechniken: Marmor (wahlweise: Granit-Imitation, Spachteltechnik); Granit-Imitation, Blattmetallverzierung, Trompe-l'œil
Materialien: Vorlack, Plakafarben, Transfersilber, Zweikomponenten-Klarlack

◁ 153–155 Als Alternative zum professionell gemalten Marmor eignet sich helle Granitimitation, die hier sehr gut zum dunklen Granit paßt, oder eine helle, zarte Spachteltechnik mit Acryl- oder Dispersionsprodukten.

156, 157 Tischdecke überflüssig. Den Tisch ziert das Ornament vom Eßgeschirr. Da kann man bei vielen Porzellandekoren fündig werden.

TISCH MIT SCHABLONENMOTIV

Die Schale lieferte das Ornament. Der blaue Rand und das blaue Mittelfeld sind lasierend gemalt. Lasuren sehen auf Holz lebendiger aus als deckende Anstriche. Ein Mattlack für Holz (hier Acryllack) wurde dreimal aufgetragen.

Maltechniken: Lasur, Schablonierung, Linierung, Lackierung
Materialien: Acrylfarbe, Acrylklarlack

ORNAMENTESAMMLUNG

Angewendete Ornamente

Pinsel – Linie

Alle Schablonen sind mit 75% ihrer Größe abgebildet (falls nicht anders angegeben). Wenn Sie das Ornament mit 125% fotokopieren, erhalten Sie die Originalgröße.

Zweischlägige Schablonen:

Die hohlen Aussparungen bei den Abbildungen(○ oder △) sind Sichtfenster, um den zweiten Schlag einzupassen. Der zweite Schlag ist in Grau abgebildet.

Pinsel – Linie

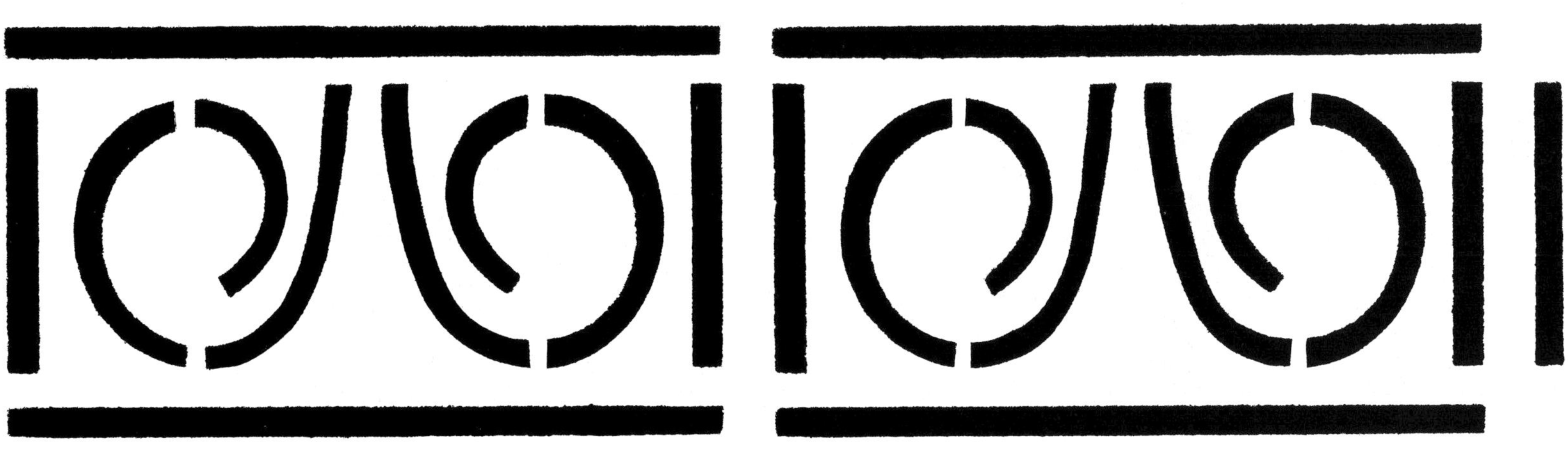

Pinsel – Linie
Pinsel – Linie

Pinsel – Linie

Pinsel – Linie

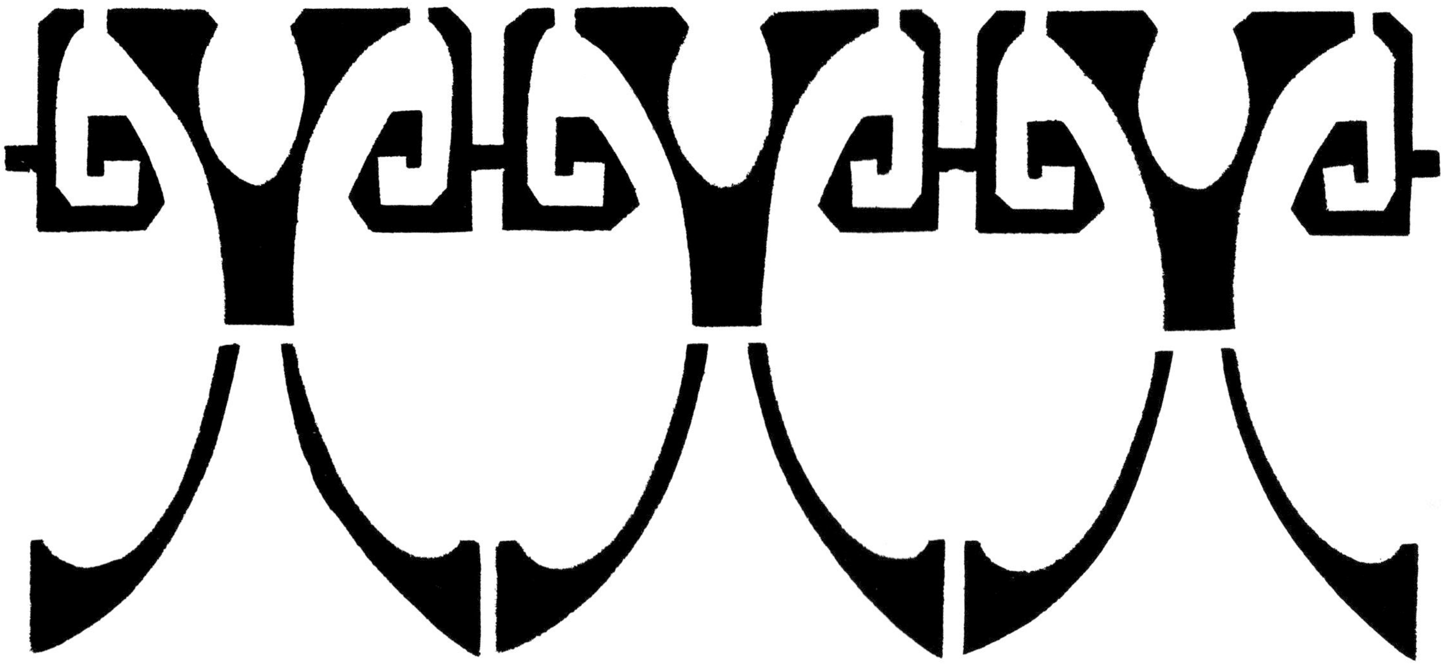

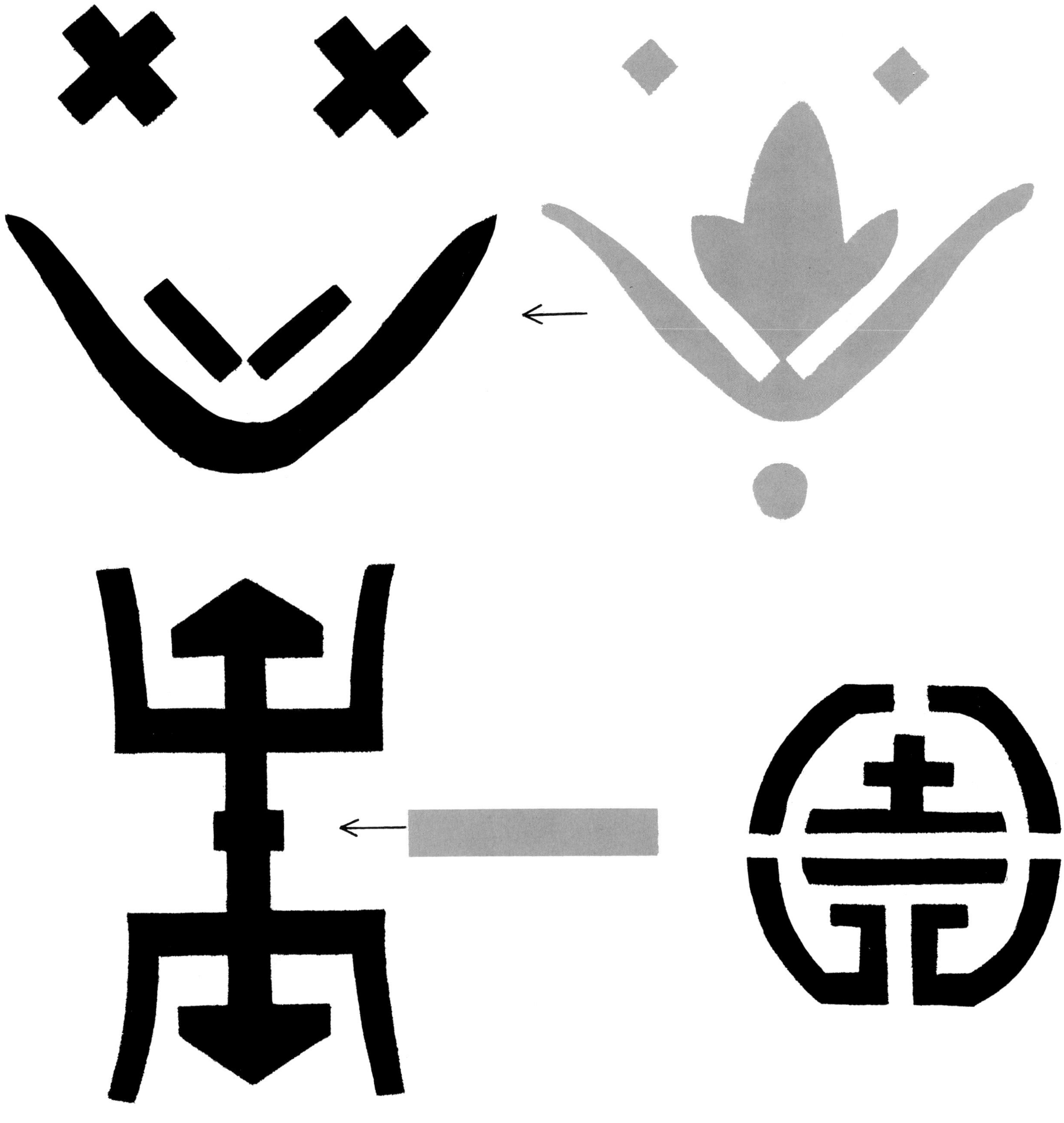

Pinsel – Linie
Pinsel – Linie

Pinsel – Linie

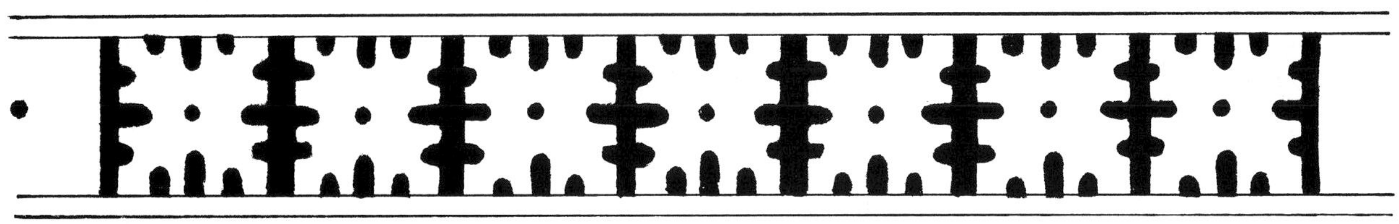
Pinsel – Linie
Pinsel – Linie

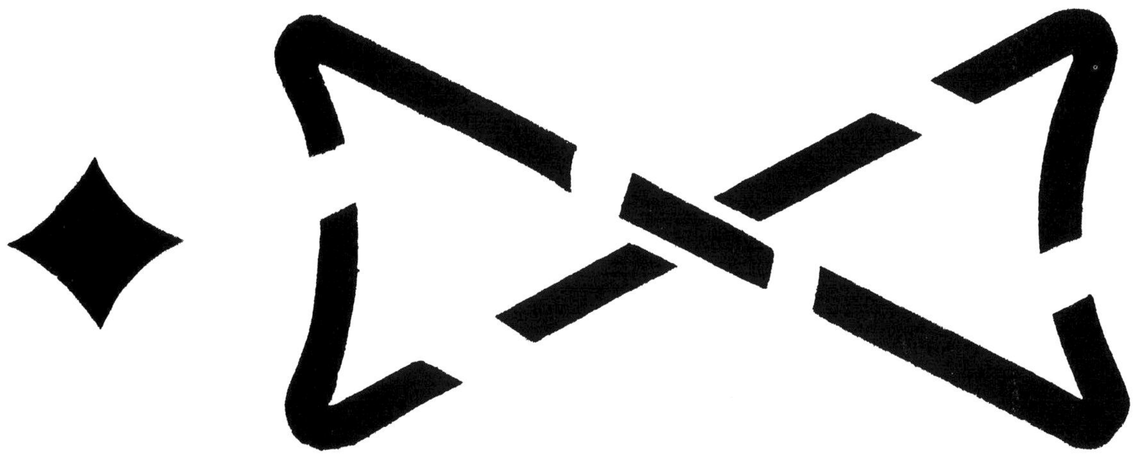

Pinsel – Linie
Pinsel – Linie

Pinsel – Linie

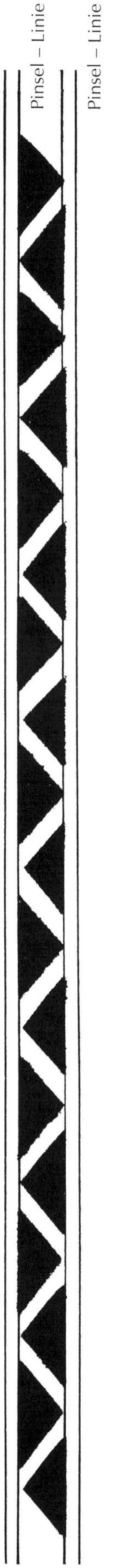

Linierungen sind Bestandteil dieser Ornamente. Der Linienansatz wird zweckmäßigerweise mit ausgeschnitten und gestupft. Das erleichtert das Ansetzen des Strichziehers.

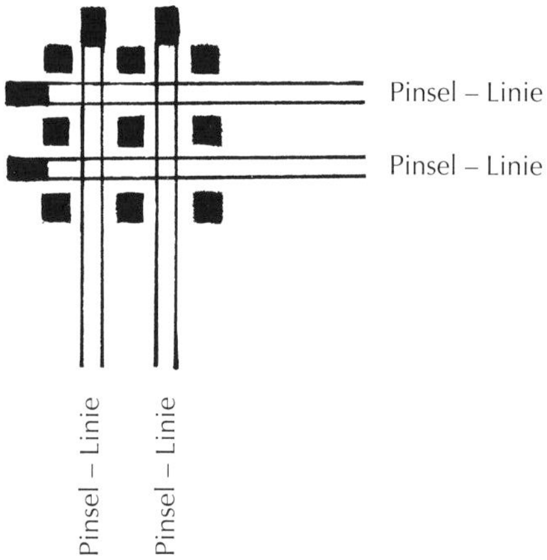

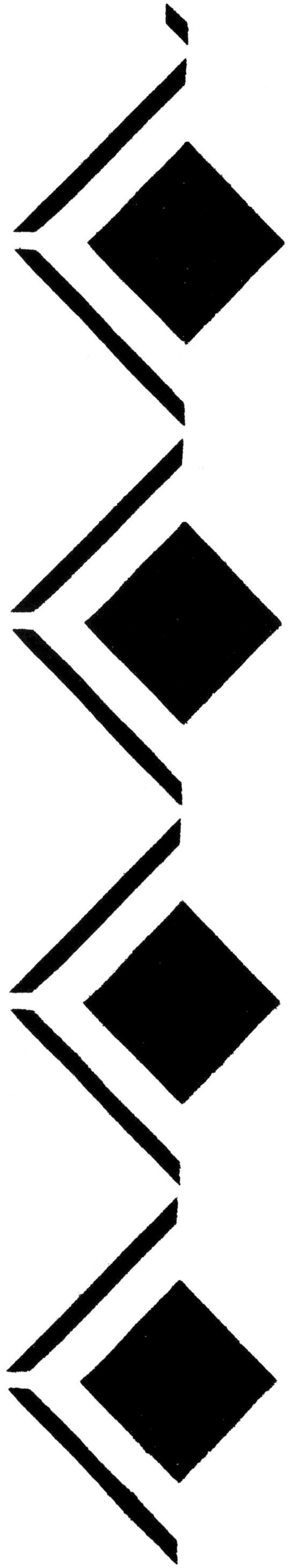

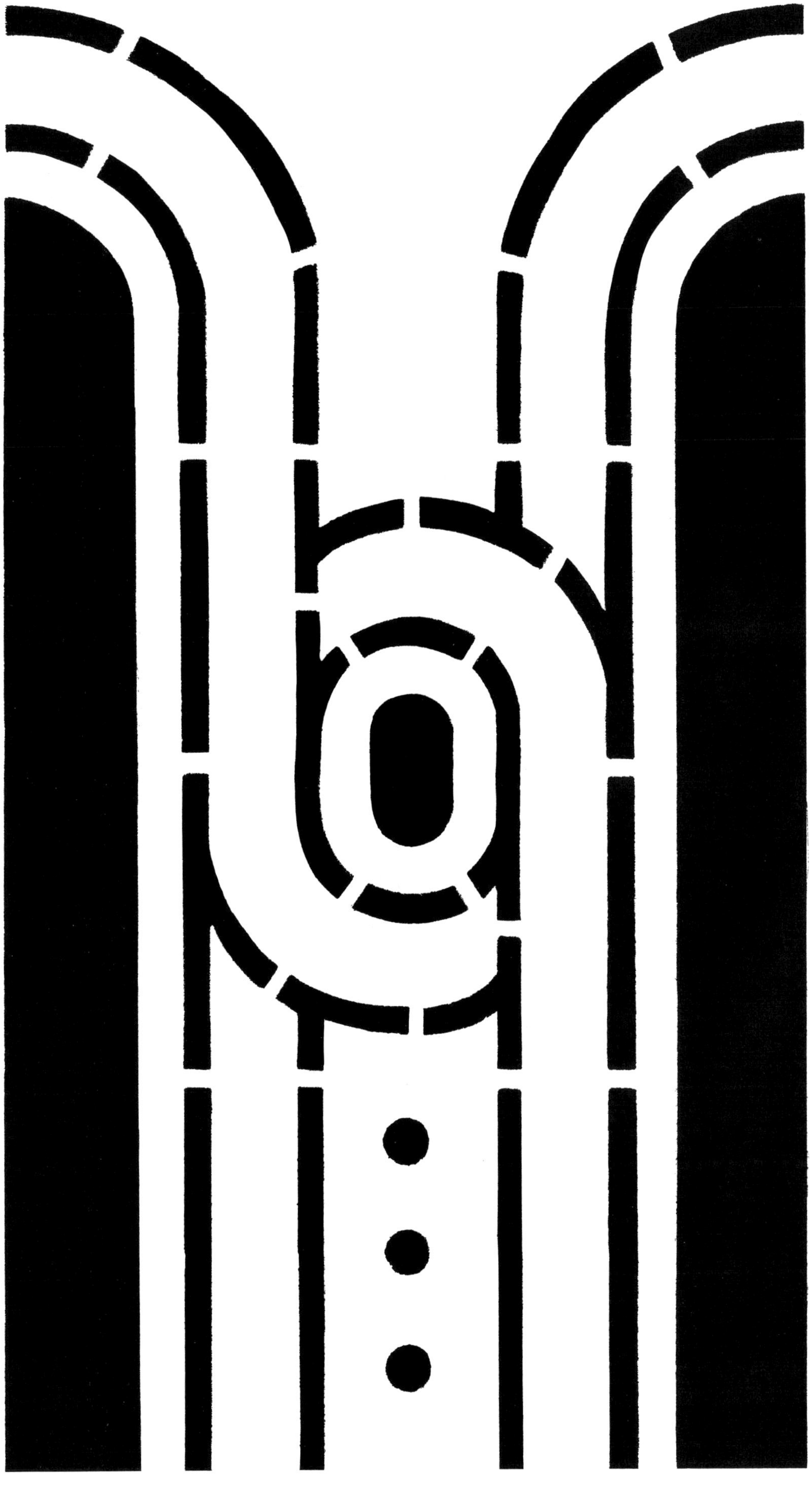

Die Stege werden wegretuschiert.

Hilfslinie – wie abgebildet – auf der Schablone ziehen, sonst stimmt die Paßmarke nicht.

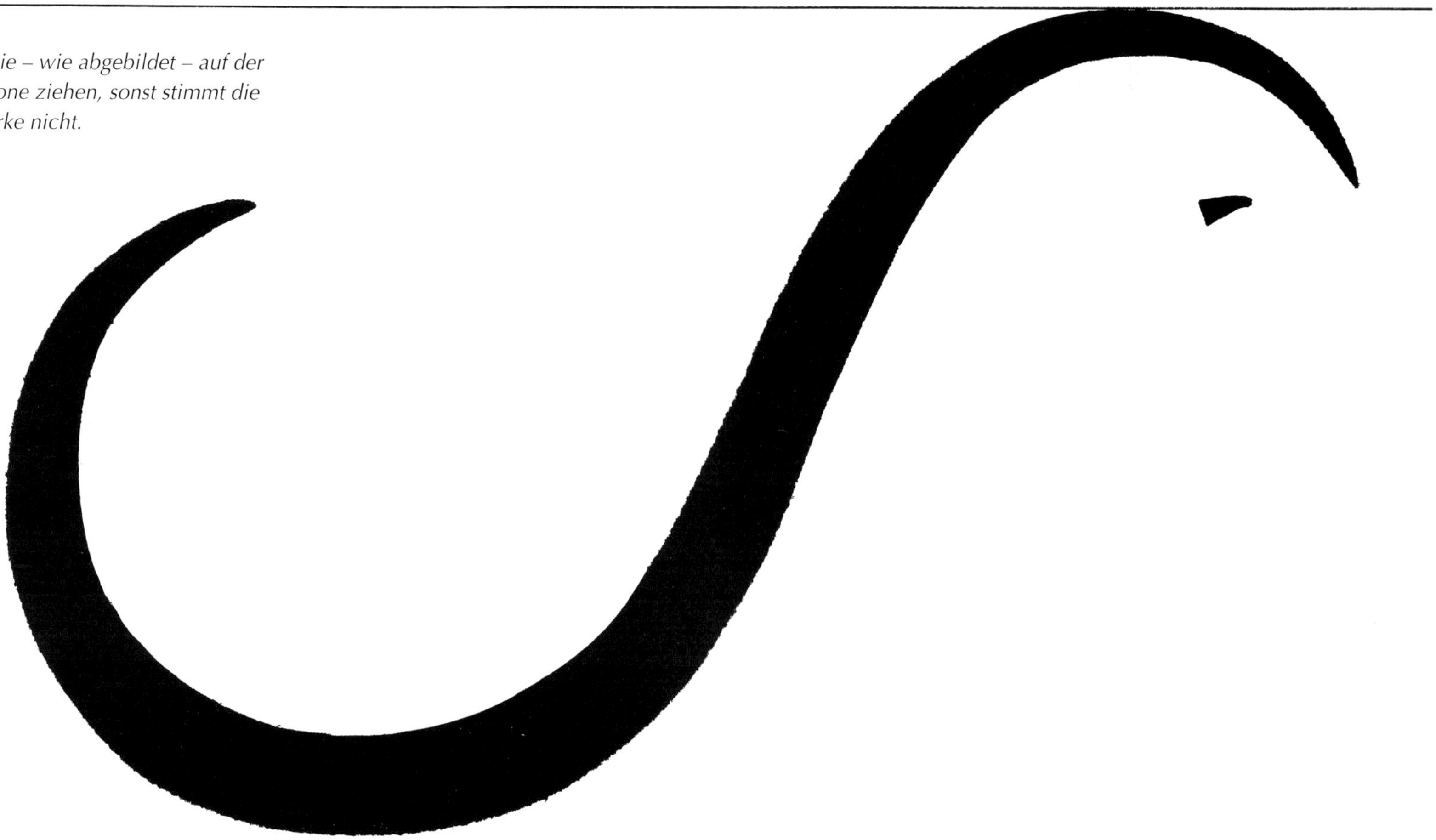

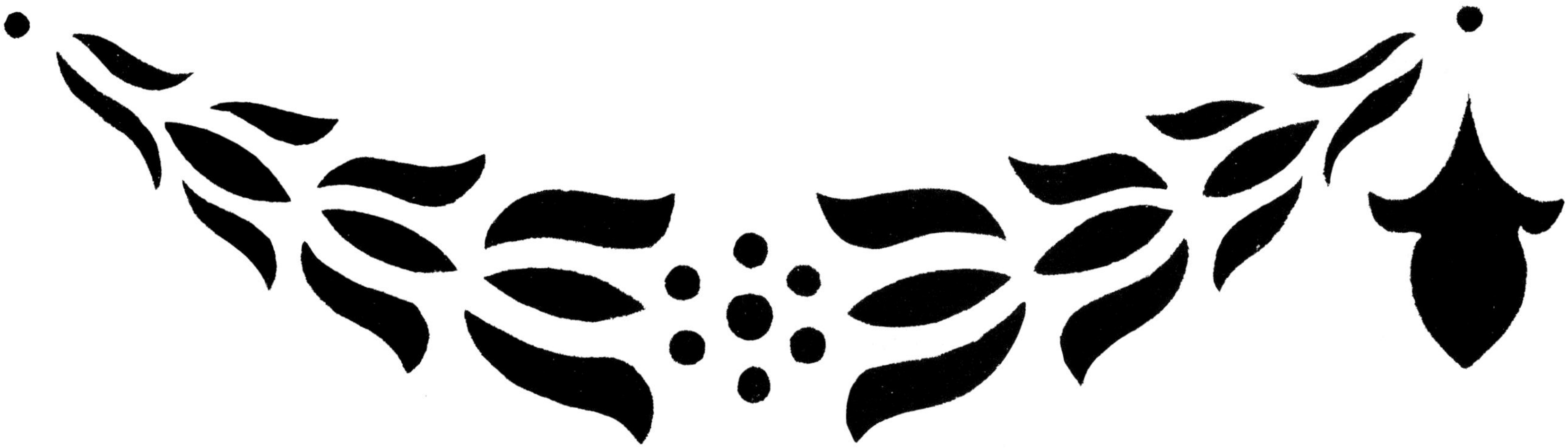

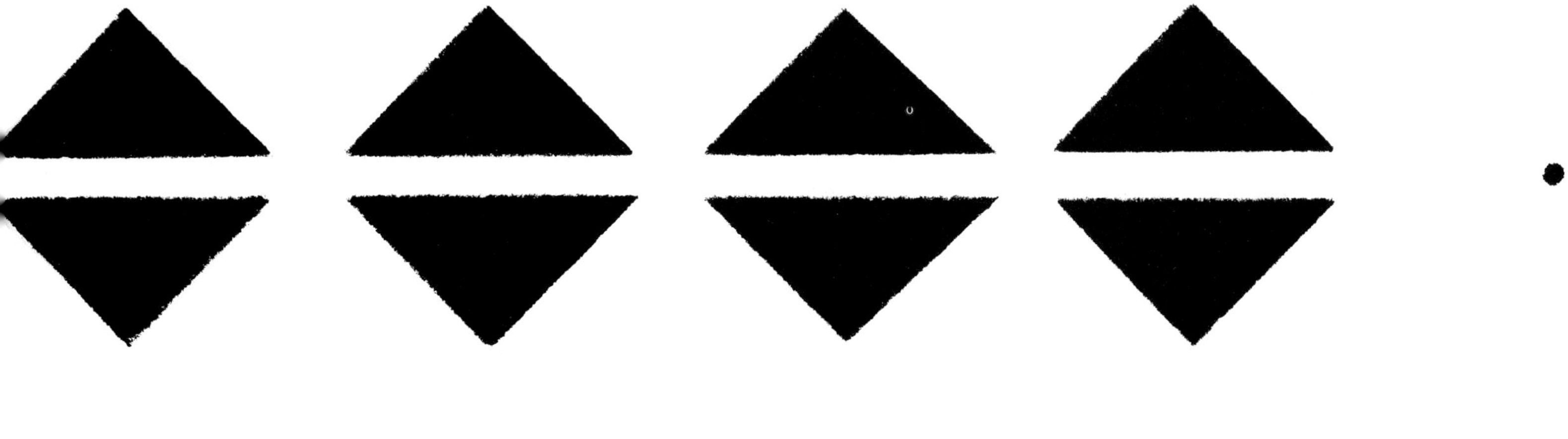

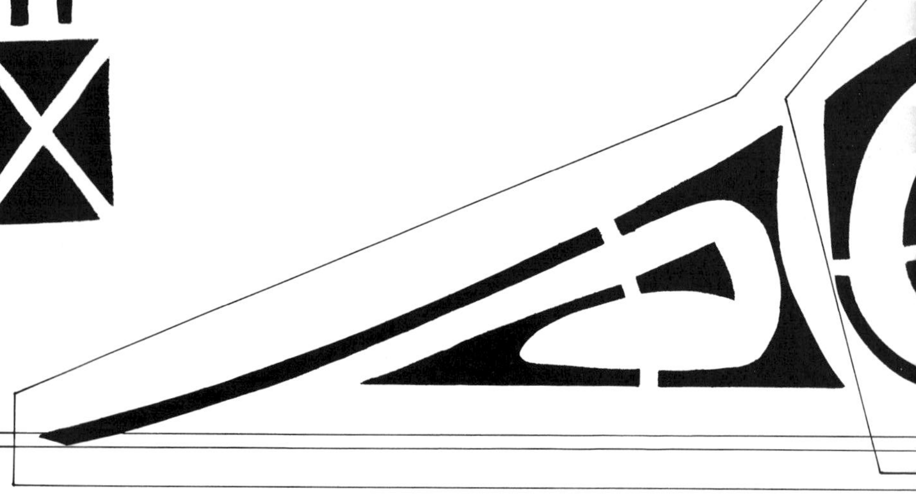
Pinsel – Linie

Bei diesen Ornamenten werden die Stege wegretuschiert.
Originalhöhen: Links = 38 cm, rechts = 37 cm, unten = 21 cm.
Unteres Ornament = vier Schablonen in einer Abbildung

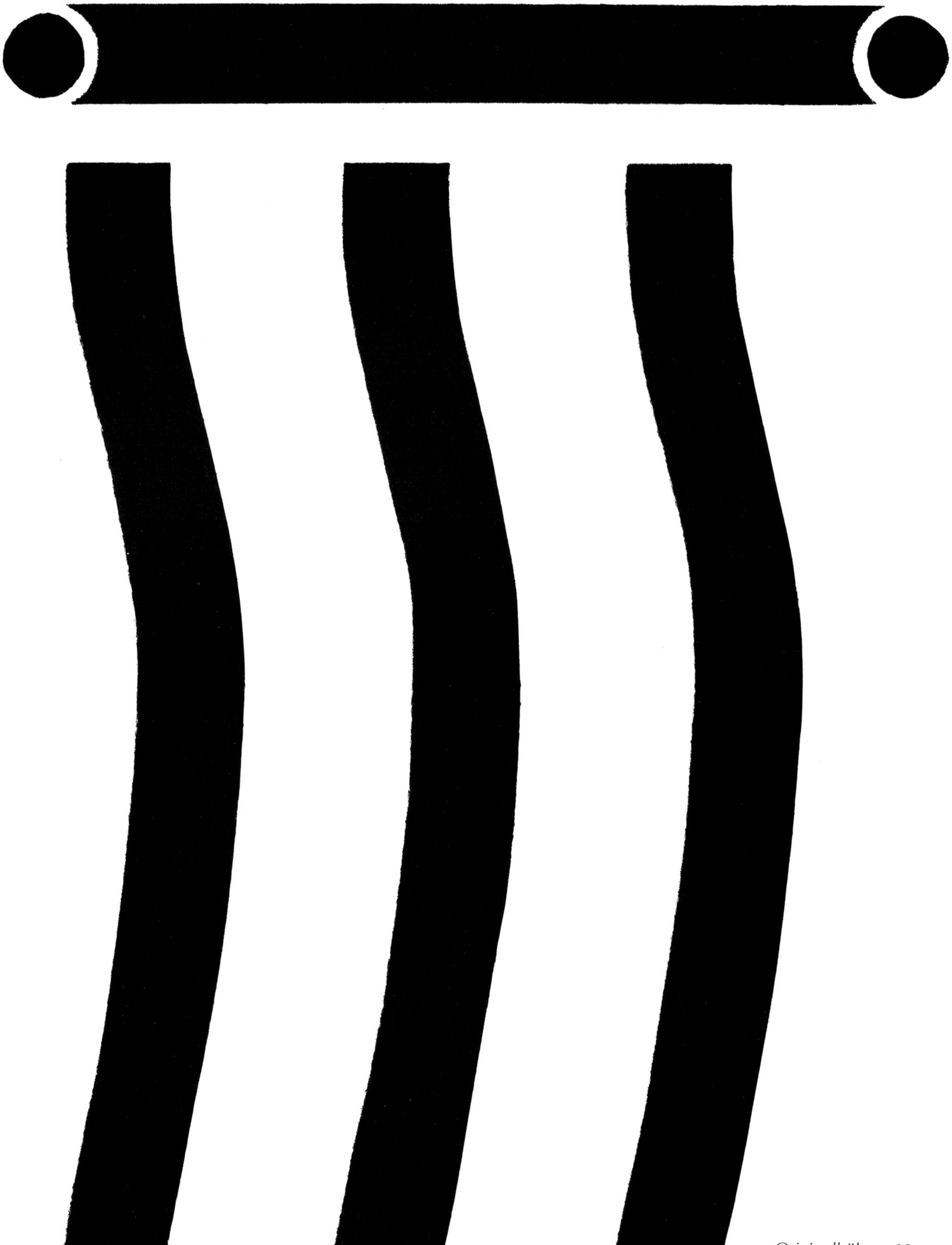

Originalhöhe = 60 cm

Originalhöhe = 42 cm

Alternative Ornamente

Die Stege sind retuschiert

Linke Ornamentseite
mit retuschierten Stegen

Die Stege (oben) sind retuschiert

Linke Ornamentseite
mit retuschierten Stegen

Pinsel – Linie

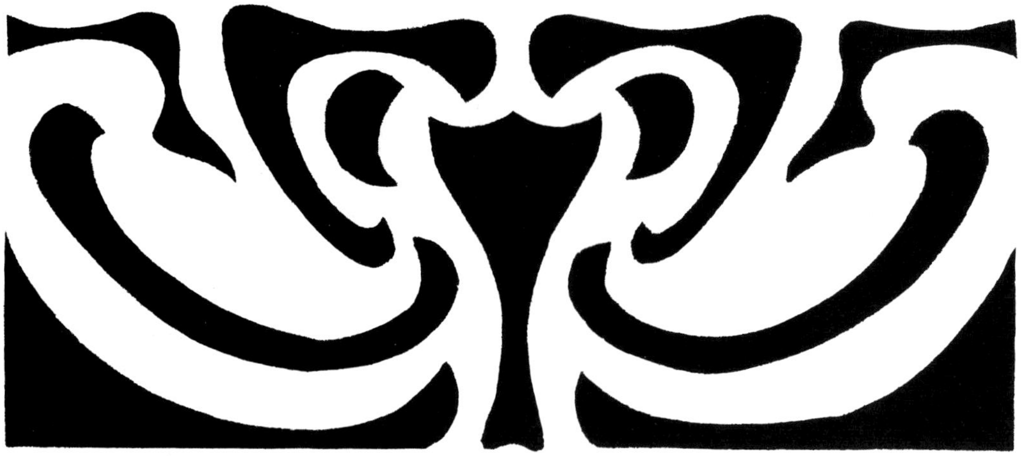

Die Stege sind retuschiert.

Linke Ornamentseite
mit retuschierten Stegen

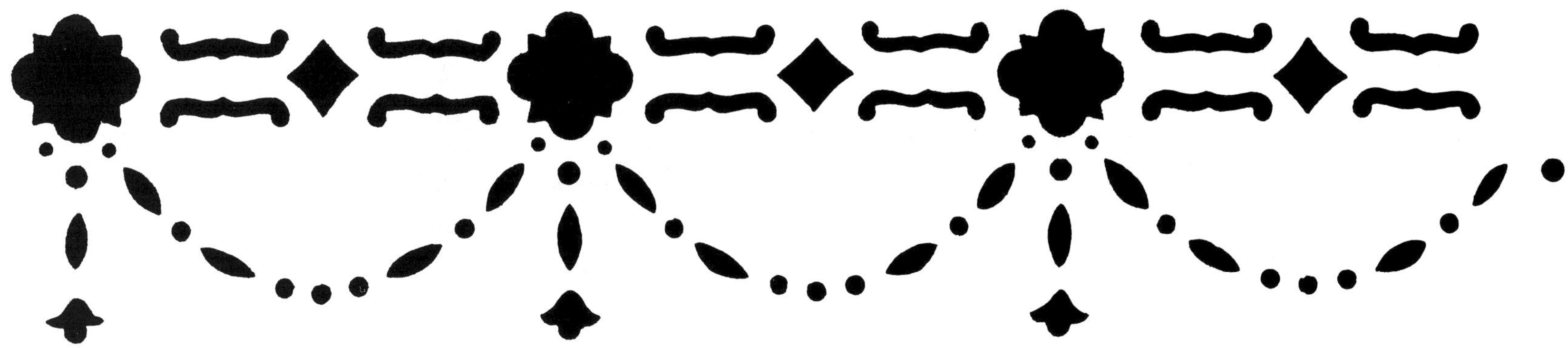

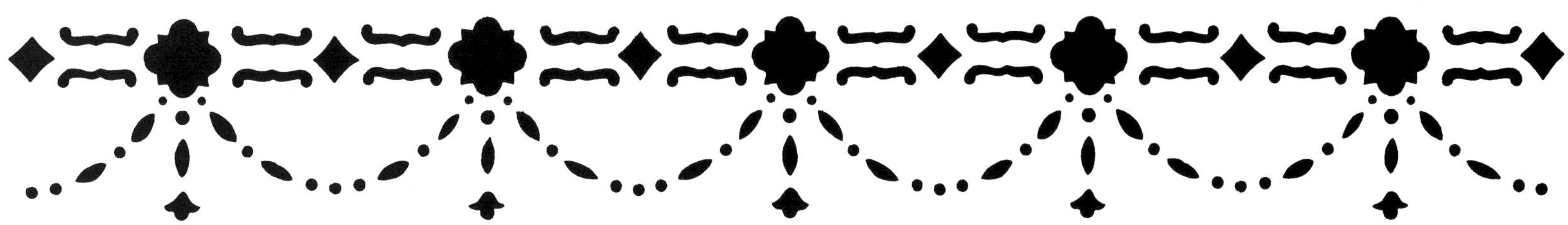

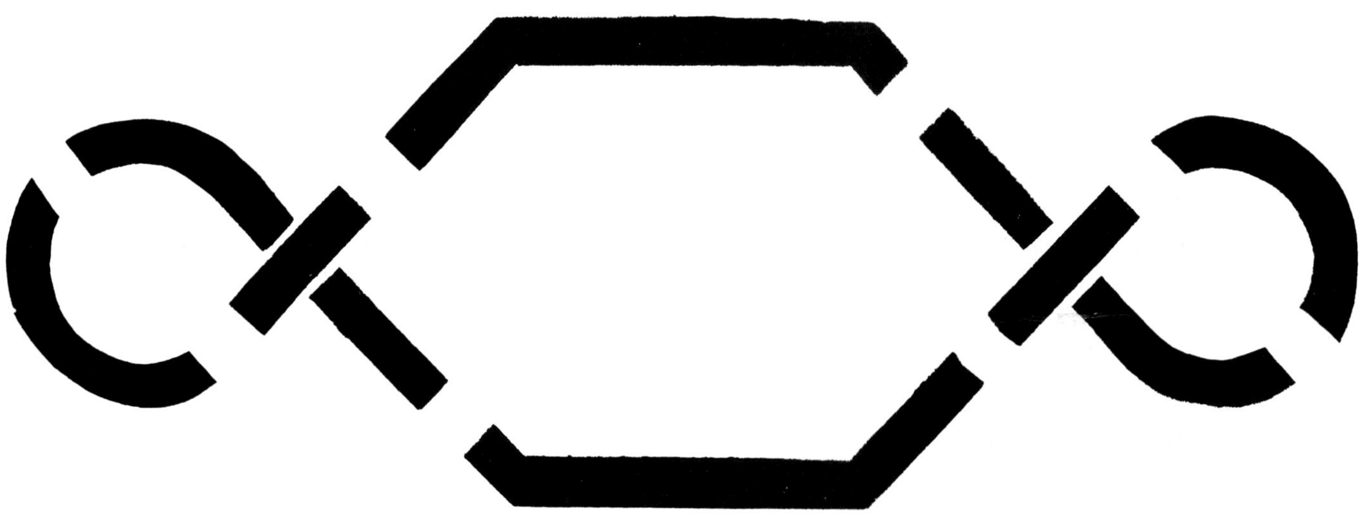

Die Nummern zeigen die empfohlene Anlege-Reihenfolge.

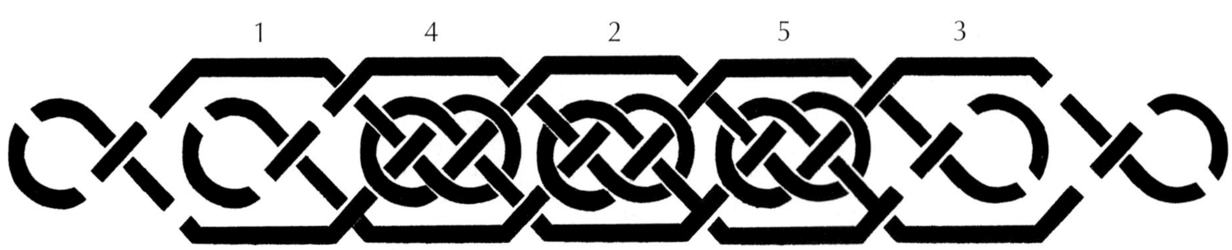